CHAOJI FUMU SHIJIAN GUANLISHU

超级父母时间管理术

邢子凯　著

接力出版社
Publishing House

图书在版编目（CIP）数据

超级父母时间管理术 / 邢子凯著. — 南宁：接力出版社, 2018.1
ISBN 978-7-5448-5120-6

Ⅰ. ①超… Ⅱ. ①邢… Ⅲ. ①儿童教育—家庭教育 Ⅳ. ①G781

中国版本图书馆CIP数据核字（2017）第241460号

责任编辑：楚亚男　　美术编辑：许继云
责任校对：杜伟娜　　责任监印：刘　冬
社长：黄　俭　　总编辑：白　冰
出版发行：接力出版社　　社址：广西南宁市园湖南路9号　　邮编：530022
电话：010-65546561（发行部）　　传真：010-65545210（发行部）
http：//www.jielibj.com　　E-mail：jieli@jielibook.com
经销：新华书店　　印制：北京明月印务有限公司
开本：710毫米×1000毫米　1/16　　印张：15.75　　字数：215千字
版次：2018年1月第1版　　印次：2018年1月第1次印刷
印数：00 001—10 000册　　定价：39.80元

各界热评

一切管理最终归结为时间的管理，一切习惯最终归结为行为的习惯。初识子凯，惊叹于这个“85后”女性带着两个孩子创业，并且取得骄人之成绩。读她的心得专著《超级父母时间管理术》，我发现了她成功的秘密在于思维习惯的现代性与科学性及执行力，这或许也是本书的最高价值。

——中国青少年研究中心家庭教育首席专家　**孙云晓**

Ruby（子凯）给为人父母者带来真实的日常生活案例，激励着越来越多的父母。我们都被她的故事所打动，她提醒我们为人父母尽管很有挑战性，但是掌握科学的方法，会让养育过程更优雅，更轻松。

——美国正面管教创始人之女、被正面管教养大的孩子
玛丽·尼尔森

平衡事业和家庭，是每一个爸妈的梦想，请听子凯这位为孩子创业办园的妈妈娓娓道来，如何管理时间，实现自己职业理想的同时兼顾孩子。

——凯叔讲故事创始人　**凯叔**

邢子凯老师的“超级父母时间管理术”系列课，深受万千大V妈妈的好评，真有久旱逢甘雨之感，我非常乐于推荐她的同名书给更多的父母。

——大V店创始人、亲子阅读推广人　哈爸

一个二宝妈妈带娃创业的故事背后一定是超乎常人的时间管理能力，在她的故事中，我看到了事业和家庭平衡的可能性。作为同样创业的爸爸，我将本书推荐给既希望教育好孩子，又希望能发展事业的你。

——“常青藤爸爸”微信公众号创始人　黄任

刚刚和子凯一起带领正面管教家长讲师工作坊，亲历了她在工作间隙约谈、见缝插针的日程，可是她却说，代课的日子好轻松，像休假。看着子凯一路走来，生娃，带两个宝宝，带两个团队，开办四个幼儿园，我实在太好奇，她是怎么做到的？……《超级父母时间管理术》书中有答案。开卷有益，这是一本让我一拿到手就迫不及待打开的书。在“术”的层面之外，更打动我的是她的梦想、使命和执着。

——中国正面管教协会发起人　张宏武

时间管理是门学问，尤其是对于二孩的父母，尤其是对于创业者。做好时间管理，掌握自己的人生。

——《育儿基本》作者，龙之媒、快书包创办人　徐智明

从正面管教开始认识子凯，惊叹于这位优秀的女性身兼培训师、创业者、管理人、活动策划人等数种身份，其中最卓越的身份是两个孩子的母亲。这个快节奏的时代，我们都应珍惜生命赋予我们的

两件伟大的礼物——时间以及利用时间的能力。读完这本书中作者分享的亲身经历，就可以掌握管理时间的秘籍，你的时间和生活将由自己做主！

——成长保创始人、儿童游戏咨询师　**路小得**

上完课程最大的转变是提高了对时间的认知，主动选择做重要不紧急的事，以减少紧急不重要事情的发生频率。一天的管理就是一生的管理，对手撕日子（纸）的活动感到十分惊心动魄，“时间如流水”如此形象。希望更多妈妈能够看到这本书，用行动示范给孩子如何有效率地实现生命的价值。

——学员、龙凤胎宝宝妈妈、职场妈妈　**南番娘娘**

很喜欢这种上课的方式。最大的收获是充分利用碎片时间，以及如果要实现一个近期目标，必须要有监督者、截止时间，随时汇报进度。时间管理就是人生管理，希望我能坚持学习下去，学到更多时间管理的知识。

——学员、10岁女孩的妈妈　**伊晴**

上完时间管理课后，我开始有意识地把身边遇到的每一件大事、小事，都划分到时间管理的四个象限中，并决定如何分配自己的能量和精力，让自己成为一个更有效能的人。此外，我还学会了如何处理别人扔过来的猴子。之前由于这一点没有做好，自己承担了很多别人的工作，有时候这些工作也没有做好，耽误了自己，也耽误了别人。时间管理存在于我们生活和工作的方方面面，远比我们曾经以为的更重要。一个能做好时间管理的人，就能够以有限的生命，实现更多的梦想！

——学员、外企高管、备孕爸爸　**Forrest**

目录

第一章

为人父母忙乱如何破？

完美并非无东西可加，而是再不能拿走东西。

——［法］圣埃克苏佩里

最重要的事，只有一件

回不完的邮件、没时间回的电话让同事觉得我一点也不职业。家里要干洗的西服和堆积如山的水电煤气账单，让脾气不错的孩子爸也忍不住抱怨。连好朋友都在打趣我："快找个助理吧！我总也找不到你！"陌生人干脆不客气地批评："发信息也不回，有什么了不起……"为人父母后，忙乱低效怎么办？

手机收到的 200 条微信，你会如何处理？

A. 收到一条看一条

B. 每半小时查看新的消息

C. 除非有人打电话来抱怨"你都不看微信吗"，只埋头做最重要的事

大多数人都在 A 和 B 之间犹豫，"我想做到 B，但总是忍不住像 A 那样做"，那么，选 C 怎么样？

大家挠挠头，一时间没反应过来，反问我："什么是最重要的事？"

"是啊，对你来说，什么是最重要的事？"

大家沉默了，不是因为没有重要的事情，而是重要的事太多，不知道如何选择。在忙碌的生活中，哪有时间认真想什么是生命中最重要的事！所以，怎么忙都不是自己想要的生活。

时间管理是目标管理。为人父母后，我们想要达到的目标也变多了：既想养育好孩子，又想事业有成就；既想有自己的爱好，还想结交新朋

友。疲于奔命，想在所有方面取得满分，哪一个目标都不想放弃，左顾右盼，陷入忙乱，却找不到一个抓手。

最悲惨的是，看到微信朋友圈的张三妈妈和李四爸爸，忍不住羡慕他们平衡又精彩的人生，那种三十而立、四十不惑的恐慌总在深夜袭来，让你夜不能寐，“上天待我不公，明明我也很努力，为什么过不上我想要的生活呢”？

19 世纪意大利政治经济学家维尔弗雷多·帕累托发现了一个惊人的现象：社会上 20% 的人口拥有 80% 的社会财富。财富在人群中分布不均的现象，被称为帕累托法则。它不仅适用于经济学，也适用于其他领域，即 80% 的结果是由 20% 的变量产生的，简称“二八法则”。

“二八法则”对为人父母者的时间管理有什么启发？20% 的投入决定 80% 的产出，20% 的决策影响 80% 的结果，20% 的时间决定 80% 的生活。“二八法则”让我们兴奋，小投入有大回报。另一方面，当我们看到 80% 的付出只有 20% 的收获，也有深深的悲哀。诸如此类的还有，80% 的投入决定 20% 的产出，80% 的选择只影响 20% 的结果，80% 的时间只影响 20% 的生活。“二八法则”也让“一分耕耘，一分收获”的神话破灭。

我们总是认为努力就会有结果，付出就会有收获，而在行动之前，我们有没有想过，什么是那 20%？

一个人的时间和精力宝贵，不可能每一件事都做到 100 分，面面俱到不如抓要事；大概的对，而不是精确的错；做正确的事，而非事事正确。天道酬勤，酬劳的是高产出的那 20%，不是那瞎忙的 80%。

蒂莫西·费里斯在《每周工作四小时》一书中提到了对“二八法则”的理解。

1. 不重要的工作做得再好，也不会变得重要。

2. 花费时间长的工作并不等于同等重要的工作。

他用三个夸张的场景，来帮助我们思考时间应该用来做什么：

1. 如果你有心脏病，每天只能工作 2 小时，你会做什么？______

2. 如果你第二次心脏病发，只能一周工作 2 小时，你会做什么？

____

3. 如果有一把枪指着你，要求你停止 80% 的耗时工作，你会去掉哪些工作？______________

现实生活中没有枪指着我们的头，我们总是不自觉地去做一些看似重要但实际没有价值的事。

你经常做哪三件事情来填充时间，而让自己更有成就感？

1. ______________________________

2. ______________________________

3. ______________________________

在我的家庭时间管理课上，最常见的三个答案是：刷朋友圈、看八卦新闻、网购，都与手机相关。纵使那 200 条微信回复得再及时，再完美，也无法对我们的生活产生同等重要的影响。就像你如果一直在回复微信，接打电话，付账单，被琐事牵着鼻子走，避开最重要的事情，坐等重要的事变成紧急大火，火势凶猛才悔不当初，才想起没有做那件要事，等待我们的就是不断走偏的生活。一切，都在于你没有预留时间给那件最重要的事情。

“我明白了，时间管理不是要把所有的事情都做完，而是在于坚持做那件重要的事。”一位妈妈顿悟道。

是的，时间管理最致命的误区在于：认为做越多的事情，时间管理就越好；越勤劳、越拼命，就会越有成就。懒于想什么是高产出的 20%，自然不会有 80% 的产出。忙是更高级的懒惰，不然，世界上忙碌的人那么多，有成就的人怎么那么少？

没有聚焦，只会让为人父母的我们陷入更加忙乱、低效的挫败中。**不断精简和聚焦，有选择地偷懒，集中火力，才能做好更重要的事。**

加里·凯勒和杰伊·帕帕森在《最重要的事只有一件》一书中按照“二八法则”推论，假设一个人有 25 件事要做，其中高产出的 20% 只有 5 件事，那么这 5 件事中高产出的 20% 只有 1 件事。不管你要做的事情有多少件，以此类推，从 20% 中找出 20%，都会归结为一件事。不断缩小目标，敢于放下其他，专注于那一件，然后做到极致，这是通往高效生活和成就人生的极简之道。

“如果我回不完所有的邮件，我就在其中找到至关重要的那一封邮件，只认真回复它，其他不管了？”

没错！只回复一封至关重要的邮件，我们就不会忙乱、为难；而决定回复哪一封邮件，也让我们重新找回对生活的操控感。

“如果我回不完所有的电话，我也在其中找到至关重要的一个，花时间认真想怎么回，聚焦一个，其他电话也不管了，这种感觉太棒了！那其他人如果不高兴呢？我该怎么办？”

大家有一丝兴奋，也有掩盖不住的担心，但我们的人生不是为了取悦所有人。如果在琐事上取悦所有人，找不到那件对家庭、对工作、对社会重要的事，长期来看，我们在大事上也必然会让所有人失望，因此，长痛不如短痛。

以此类推，我们可以把生活中所有忙乱低效的区域，按照“二八法则”都聚焦一遍。

如果我没有那么多时间陪孩子玩，找到一种至关重要的陪孩子的方

式，聚焦一个，比如给孩子读绘本。如果我看不完所有想看的书，找到至关重要的一本，聚焦，开始读。如果我看不完网上那么多微信公众号的文章，找到至关重要的一个，聚焦，开始看。

“如果聚焦一件事，还是不知道如何开始做，怎么办？”

大家的学习热情总是那么高，继续追问。麻省理工学院教授、国际组织学习协会创始人彼得·圣吉曾提到，在工作中，如果能找到一种四两拨千斤的方法，只用一招解决所有问题，是最省力的。聚焦的这一件事中也一定有高产出的20%的更小一步，继续分解，直到找到最核心的一步，开始做。

时间的稀缺性让我们聚焦一件事，但不预留时间想，永远也想不清楚哪一件是最重要的事。而预留时间想哪一件事最重要本身，就是那件最重要的事。否则就像仓鼠习惯随转轮在笼子里瞎跑，看似健步如飞，实则原地踏步，而旁边就是可以轻轻推开的门。那件最重要的事就是克制向前奔跑的惯性，停下脚步，想想怎么才能逃出那个令人忙碌而盲目的笼子。

我听过一个关于最重要的事的最形象的比喻，假设你是一位王子，你最喜欢的公主被困在一个正在着火的城堡里，你正赶过去救她。城堡里有敌人不断向你放箭，吸引你的注意力，如果没躲开，你就没命了。

这些箭，就是紧急的事；最喜欢的公主，就是最重要的事。如果王子能够躲过紧急事的干扰，专心把注意力放在营救公主这件最重要的事上，你的此生就是有意义的。

最重要的事只有一件，聚焦它，彻底告别为人父母的忙乱。

先吃掉最丑的那只青蛙

“如果每天早上醒来第一件事情是吃掉一只活青蛙，那么你就会欣喜地发现，接下来的这一天里，再没有什么比这个更糟糕的事情了。”这是文豪马克 · 吐温关于时间管理的经典名言。

大家一听吃青蛙，满脸不知如何形容的复杂表情告诉我，没有哪一个人愿意吃青蛙。我们喜欢奇异、新鲜的事物，吃青蛙成了处理最重要事情的隐喻，过目不忘。青蛙可以是最重要的事，也可以是对你产生积极影响的事。美国作家博恩 · 崔西根据这个惊悚的比喻，写下了《吃掉那只青蛙》，并拟定了这样意味深长的副标题——“拒绝穷忙，把时间留给最重要的事”。

先吃掉最丑的那只青蛙

最重要的事，只有一件，不先吃丑青蛙，若脑子乱了，行动就更乱。

“道理我都懂，但大宝刚上幼儿园，二宝刚满2个月，没有老人帮忙带小孩，每天忙着照顾她们俩，都没有自己的时间，哪能静得下来？真不知道如何提升自己！”

美国“时间管理之父”阿兰·拉金提出一个全新的概念——内部黄金时间，一天中一定有一个时间段是你头脑最清晰、最有创意、最有价值的，那就是你的内部黄金时间。

而现实中大多数人都认为，只有孩子入睡了的深夜才是自己的内部黄金时间。

真的是这样吗？

在孩子入睡后再开始做自己的事，忍不住想网购。逛到后半夜，看到时间，内疚自责。刚回到工作上没几分钟，想听歌，摆弄一会儿播放器，过一会儿喝水，过一会儿再看看孩子有没有踢被子，因为晚上的时间没有终点，不知不觉拖延到凌晨入睡。入睡时间一拖再拖，晚上睡眠时间被无限压缩，长期熬夜让人白天体力和精力跟不上，爱发无名火。

提到熬夜这个时间管理的痛点，爸爸妈妈们频频点头：“真的没办法呀，只有孩子睡了，才是我们自己的时间呀，不想熬夜都不行。”

真的是这样吗？让我们在24小时认真排查，除了夜晚，还有哪个时间段等待我们去开发？

“一日之计在于晨”，这是一句赤裸裸的口号，也是科学研究告诉我们的利用生物钟的智慧。

日本商务畅销书作家中岛孝志在《4点起床——最养生和高效的时间管理》一书中提到了两种与早起有关的物质：“肾上腺素”和

“肾上腺皮质类脂醇”。这两种让人精力充沛的激素，从清晨开始分泌，分泌高峰期为早 7 点。深夜时，激素也会分泌，但和分泌高峰期比起来，分泌量只有三分之一左右。所以，人越早起床，大脑会越清醒，人的精力越充沛。

晚上熬夜违背身体激素分泌的规律，要靠意志力支撑，一旦兴奋过头，错过了入睡的好时机，就要在别人的鼾声中辗转反侧，无法入眠。和激素唱反调的结果是，身体一定会向你抗议，以生病的方式。

每个人都有一个可开发的黄金时间，那就是清晨。

如何早起？

不管前一天晚上多晚睡，第二天准点起床，不睡懒觉，不补觉，宁可今天支眼皮度日，也不把晚起的恶性循环留到明天。于是，神奇的事情发生了，第二天早上，你不早起都不可能。不用闹钟叫醒，五六点钟自然睁开了眼睛，一个新的早起早睡循环开始！

清晨的黄金时间，没有电话要接，也没有人打扰，在让人精力充沛的两种激素的帮助下，大脑高效运转，这样不被打扰的时间，被称为外部黄金时间。

晨起时光，头脑最清醒的内部黄金时间和不被打扰的外部黄金时间难得地重合在一起，可以做一些最重要的事。

晨起之后，真的像马克 · 吐温说的那样，如果吃掉那只最丑的青蛙，那么没有什么比这个更糟糕的事发生了。如果不吃掉那只最丑的青蛙，它就会像一个大铅块压在心头，让人一天步履沉重。

一位妈妈分享了自己考在职研究生的心路历程，白天上班，下班带孩子，哪里有时间复习考试？直到利用了青蛙工作法，早起看书背题，才在千万考生大军中考上了在职研究生。

早上新鲜的晨光里，一只早起的鸟等着别人起床的惬意，只能意会，不能言传。

黄金时间就像一个让你安心静气的世外桃源，在那儿别有洞天，等你把重要的事在这里完成。而不是用宝贵的黄金时间来处理琐碎的事情。

黄金时间先吃那只最丑的青蛙。

一个人吃青蛙怎么坚持下来呢？

最简单的方法是找战友，坚持打卡。

你的战友是＿＿＿＿＿＿＿，请你们约定没有做到吃青蛙，互相发红包＿＿＿＿＿＿元。

如果填好，结束本节课之前，让我们小结吃青蛙的四个步骤：

第一步，找到你的黄金时间。

第二步，找到你的活青蛙（最重要的事）是什么。

第三步，如果活青蛙太大，先分解最关键的一步再吃。

第四步，找战友，坚持打卡。

我在黄金时间埋头吃青蛙，用我最有价值的时间尊重了我最重要的事。

练习：

今天起床的时间＿＿＿＿＿＿。如果按照第二天比前一天只提前 10 分钟起床计算，明天早起的时间＿＿＿＿＿＿，后天早起的时间＿＿＿＿＿＿，大后天早起的时间＿＿＿＿＿＿。

好！现在放下书，打开你的手机，设置上面的三个闹钟。

Not to do list（砍清单）

“我想转行做家庭教育讲师，既工作又兼顾孩子，还要转型，哪有时间学习？”

大家也有同样的困惑：“在别人眼中光鲜亮丽的工作又如何？孩子没时间管又有什么意义？”三头六臂也扮演不好职场和家庭的双重角色，无限平分时间，希望那公平的时间分配可以完成职场人、妻子、母亲和女儿多种角色，否则事业和家庭的平衡难以实现，很多梦想、很多事情、很多人，在“忙”的借口中偷偷溜走。

我们管理的其实不是时间，而是事件。时间管理大师戴维·艾伦在“搞定”系列书籍中，系统梳理了GTD（Getting Things Done）时间管理方法，通过收集的方式把脑海中的事情整理出来，经过处理后列出待办清单，之后再执行和回顾。GTD四步骤为：收集——处理——执行——回顾。

美国多米尼加大学心理学教授盖尔·马修斯研究发现，人们写下目标，实现目标的概率就会比没有写的高40%。从开始接触GTD之后，我一直保持这样的习惯，前一天晚上把第二天的待办事项列出来。没有孩子的时候，我的待办清单并不太长，自己可支配的时间也可控，每次觉得将一件件做完的事情从待办清单上划掉，是一件超级有成就感的事情。

为人父母后，待办清单给我们带来了四个全新的挑战。

第一，待办事项急剧增加，为人父母，虽然只多了一个角色，但待办清单上的事多得像天上的星星，数不过来。

第二，待办清单分类越来越复杂，怎么理都理不清，从采购、养育、沟通、协调到自我成长、职业调整和规划无一例外。

第三，很难按照重要性级别排列，分不清是先去上家长课更重要，还是带孩子参观未来要上的幼儿园更重要。

第四，执行力大打折扣，为人父母前没有经过系统的培训，执行情况常受意外情况干扰，清单越列越长，也越来越难以完成。

“闹腾一天的结束，孩子响起香甜的鼾声，我刚想长舒一口气，心里窃喜这令人疲惫的一天终于结束了，突然想起忘记给孩子买奶瓶了，一骨碌爬起来，摸黑找到待办清单，非要写下来才放心。可第二天，照着它做，总是做不完，而且上面标不出重要性级别，好像都很重要，又好像都不重要。”

如同打地鼠的人，挥舞那根木棒，在规定的时间完成不了所有的任务，疲惫和挫败交织，不能入眠。每次看到待办清单，就像一次嘲笑自己没效率的批斗会。因为，清单上没有做完的事总比做完的事多，这是一个多么惊悚的现实！兢兢业业列清单，潦潦草草做不完，似乎有清单在的安全感，让你觉得至少有事要做比无事可做更上进得多。

美国时间管理之父、哈佛大学 MBA 阿兰 · 拉金教授推荐使用 ABC 系统确立事情的优先次序：列出清单以后，在那些你最为重视的条目左侧写上 A，在那些一般性重要的条目左侧写上 B，在那些最不重要的条目左侧写上 C。待办事项分别为 A1、A2、A3、B1、B2、B3、C1、C2、C3。ABC 是由每个人的价值系统来判断的，而当身份增多，任务增加，我们希望每个任务都得满分就排不出“谁比谁更重要”。

我们来做个练习：请按照 1—7 排列以下物品。

________　苹果

________　百合花

________　皮球

________　手表

________　毯子

________　耳环

________　椅子

无法排序，因为我们不知道排序的标准和目的。即便箭有编号，如果没有靶心，我们也不知道要射向哪里。在时间管理的待办清单上，排序令人抓狂的原因正在于此。

如果目标是填饱肚子，苹果排在第一位，除了苹果，其他6项无法排序，因为都填不饱肚子，就算排也没有意义。如果目标是看时间，手表排在第一位，除了手表，其他6项无法排序，因为都看不了时间。如果目标是保暖，毯子排在第一位，除了毯子，其他6项无法排序，因为都没法保暖，就算排也没有意义。

时间管理第一步，你的靶心是什么？你的人生为哪一件重要的大事而来？我们知道靶心后，能迅速挑出最重要的那一项，不相关的其他事项，只会徒增烦恼。我们喜欢忙，用忙来逃避选择。什么都想做，自然待办清单越来越长，长到你丧失完成任务的信心。信誓旦旦想排序，就像比较"苹果比百合花重要"还是"百合花比苹果重要"一样冒傻气，没有目标的排序只会增加我们的烦恼。

而相对排序，删除是更简单的动作，大脑更善于处理是和否的判断题，而非包含众多参数的排序题。

所以，一劳永逸地解决为人父母后待办清单四大难题的最简单方法，就是砍清单，集中精力做一件要事。

今日待办清单：

- 办港澳通行证
- 超市采购米、面、油
- 给过生日的老妈做晚饭
- 本月公司工作安排
- 干洗老公下周要穿的西服
- 给老二洗奶瓶
- 找下周老大六一儿童节要穿的衣服
- 收拾杂乱的洗漱抽屉

- 安排和老大的特别时光
- 安排和老二的特别时光
- 锻炼身体——瑜伽
- 锻炼身体——跳舞

砍清单的三把斧：

第一步，一定有一些事，有比你更合适的人可以做，告诉更合适的人去做，砍掉它。

第二步，还有一部分事一定是其他事的子集或交集，合并后，砍掉它。

第三步，最终剩下的那部分事情中，找到只有我才能做的事，保留它。

以上面的清单为例，砍清单后，会变成什么样呢？

第一步，办港澳通行证，上百度查询，居然有“市民服务”微信公众号帮忙代办，代办费比打车去办的费用还节省 20 元。超市采购米、面、油，果断交给某电商平台。给过生日的老妈做晚饭，可以叫老妈最喜欢吃的外卖，我想送给老妈一个特别的生日礼物“永不顶嘴特权券，使用期限 1 年”，老妈更开心。干洗老公下周要穿的西服，居然发现对方提供上门取送服务。

于是，从待办清单中删除以下 4 项：办港澳通行证，超市采购米、面、油，给过生日的老妈做晚饭，干洗老公下周要穿的西服。清爽无比，自信心飙升。

第二步，看到接下来的几件事情，邀请老大给老二洗奶瓶，邀请老大自己找下周六一要穿的衣服，邀请老大和我一起收拾杂乱的洗漱抽屉，这几件事情，都是我和老大的特别时光。最后抱着老二来跳舞，是老二最喜欢的特别时光。做瑜伽时，可以邀请孩子们一起跟着我玩，变成亲子时光。

于是，继续从待办清单中砍掉以下 7 项：给老二洗奶瓶，找下周老大六一儿童节要穿的衣服，收拾杂乱的洗漱抽屉，安排和老大的特别时光，安排和老二的特别时光，锻炼身体——瑜伽，锻炼身体——跳舞。如释重负，创意无限。

待办清单上的十几项精简到一件事，猜猜以上思考的过程能花多长时间呢？

最多10分钟，10分钟换回了多少个小时？不敢想象。

为人父母后的我们身份多了，事也多了，待办清单一直累加，就像暴饮暴食，让我们消化不良，疲于奔命，得了忙癌。时间管理的本质不是做越来越多的事，完美的清单不是要添加，而是要删除，集中所有精力做好最重要的少数事。

课上，一位妈妈听到这里，也列出了自己的待办清单。

1. 收拾家
2. 洗衣服
3. 买菜做饭
4. 上班
5. 给朋友的微信号投稿一篇
6. 读书
7. 去医院给老人拿药
8. 跟妈妈群内的好友互动
9. 听课，记笔记，交作业

“我发现可以将1、2、3、7交给爱人和家里的老人去做，我只需要好好听课、读书，将读书听课心得写出，并将心得跟妈妈群内的好友互动，也可以将读书听课的收获写成一篇文章给朋友的微信号投稿，最终我的清单只剩下读书、听课这两件事情，清爽无比。我对接下来要做的事有了很清晰的思路，觉得自己的时间也不紧张了，完全可以应付过来，不用那么焦虑了。”这位妈妈分享道。

听到这里，你是不是也想开始砍清单了呢？

让我们开始吧！

第一步，列出待办清单。

第二步，列出哪些事可以不用你做，可以授权外包给他人去做，可以带着孩子一起做，成为难得的亲子陪伴的特别时光。

第三步，删掉后，看看清单上还剩几件事情需要你做。

期待你轻装上阵，为为人父母后的忙乱生活减负，从砍清单开始。

10 分钟规划 ＝24 小时执行

如果可以选择，你愿意成为下面的哪一种人？________

A．一个急性子，总是没等别人的话音落地，就火急火燎地飞起来行动。

B．一个慢性子，总是接到任务后先等一会儿，在纸上规划后，再开始做。

我选择 B，因为我自己就是 A，中学住校时，风风火火，洗漱速度长期盘踞全班第一，没有一个人做事比我快。周围同学总想挑战我的速度，但她们都没有成功过。快是快，但我现在做事总是毛毛躁躁。大家光羡慕我快，但并没有来得及注意我的脸没洗干净，像花猫一样。有时候光图快，我常把音乐播放器掉进水里，心痛无比。速度第一是挺好，但效果不好，比如花猫脸，比如“牺牲”了的音乐播放器。

比拼速度这个习惯一直延续到我为人母后，为了出门快，对孩子大喊：“迟到了，快点！”却没注意到孩子的不知所措。为了穿鞋快，噌的一下把孩子手中的鞋夺过来，强硬套上，没留意到孩子眼中暗淡的光。为了单点效率，失去了一条线的方向，忘记了生活如同躺在高中物理书上的矢量，不仅有速度，还有方向！我们希望陪伴孩子成长，而不是被一个电话催得大喊大叫；我们希望和爱人好好说话，而不是为了要不要去应酬争吵不停。

关于时间管理的一个重大误解是，做事越快，时间就管理得越好。

在我火急火燎的快进画面中，我的爱人与我正相反，他像慢动作武打片的节奏和一副大熊猫式的憨憨的表情常让我震惊不已。没错，他从来都慢。和他生活越久，我就越会发现一个不愿意相信的事实：看似慢的他其实比我更高效。我虽然速度快，但走了很多弯路，南辕北辙；他虽慢一步，却一直在提前设定的道路上前行。

艾森豪威尔将军有一句名言：“紧急的事情总是不重要，重要的事总是不紧急。”他依据紧急和重要做了一个十字时间计划。画一个十字，分成四个象限，分别是重要紧急的、重要不紧急的、不重要紧急的，不重要紧急的。然后把所有要做的事都分别放到四个格子中，先做第二象限中重要而不紧急的事，艾森豪威尔的工作生活效率大大提高，这一法则又称“艾森豪威尔法则”。后经管理大师彼得·德鲁克和畅销书作家史蒂芬·柯维发扬光大，成为“时间管理四象限法”。

“时间管理四象限法”在工作中颇有效果，比如把工作按照重要和紧急两个不同的特性进行了划分，分为四个“象限”：重要紧急（如客户投诉、即将到期的任务、财务危机等）、重要不紧急（如建立人际关系、人员培训、制定防范措施等）、不重要不紧急（如上网、闲谈、处理邮件、写博客等）、不重要紧急（如电话铃声、不速之客、部门会议等）。不同象限的事项用不同策略来处理：对于既不紧急也不重要的事情，我们在时间管理上“断舍离”（Drop）；对于不重要紧急的事情，我们要授权（Delegate）；对于重要且紧急的事情，我们要执行（Do）；对于不紧急但是很重要的事情，我们要规划（Draw）。这是配合时间管理的4D原则。

请花1分钟的时间，把为人父母的你今天要做的事情按照这样的分类填入下面的图表中，整个图表被横纵坐标切分成四个部分，在紧急的横坐标中，从不紧急到很紧急，纵坐标中，从不重要到很重要。

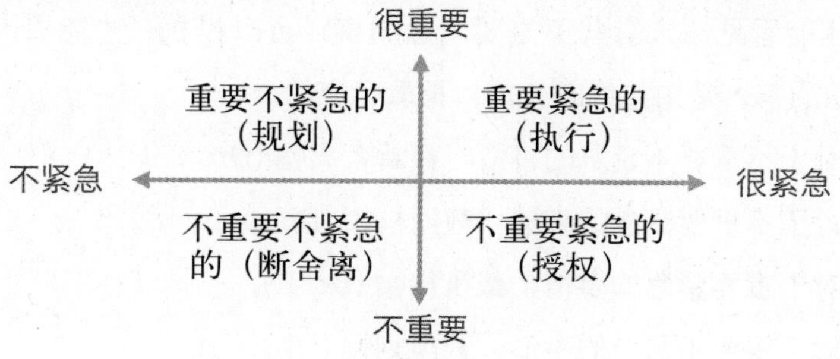

时间管理四象限

大家说，把待办事项往四象限里放好难。那么，问题出在哪里了？

没错，四象限落实到为人父母后的生活，把工作和生活中所有事情放到四象限中，就会让人分不清楚孰轻孰重。比如客户投诉和孩子发烧这两件事情，你优先处理哪一个？最重要的事究竟是升职加薪还是高质量陪伴？

看着大家迷茫的眼神，我从神秘袋里拿出了四顶不同的帽子，通过它们，我们可以轻松掌握时间四象限的精髓。

四顶帽子分别被标记成断舍离、授权、执行、规划。在时间面前，你会先戴哪一顶帽子？

大家看看我，又互相对视，一下子反应过来，有人快人快语，回答道："规划。"

没错，杂乱的待办清单如果不经过规划，根本无法判断哪些该断舍离，哪些该授权，哪些该自己去做，所以时间管理 4D 原则，本质上是 1D 原则，就是规划，没有战略上的规划，谈不上战术上的勤奋或懒惰。所以，在时间面前，第一个要戴的帽子不是火急火燎地执行，也不是胡乱地授权，更不是不由分说地断舍离，而是规划。

如果我们搞不清楚什么重要，就只能被紧急的事情推着稀里糊涂地向前走。其实最重要的事只有一件：戴规划帽。

戴规划帽之后，才能看见重要紧急的事，知道需要戴执行帽，马上行动；才能看见原来有些不重要紧急的事，可以授权；才能看得见不重要不紧急的事，是需要你断舍离、勇敢舍弃的。

1. 对于不重要不紧急的事情，戴断舍离帽（Drop it）。

2. 对于不重要紧急的事情，戴授权帽（Delegate it）。

3. 对于重要紧急的事情，戴执行帽（Do it）。

4. 对于重要不紧急的事情，戴规划帽（Draw it）。

一提到规划，感觉像一件超级复杂的事情，甚至规划两个字下笔都很沉重。这是时间管理的另一个重大误区。当我们提到规划，我们并不是要闭关三天三夜，修炼一生完美计划表，然后死板地照着它执行一辈子，毫无乐趣可言。戴上规划帽，只需要 10 分钟，在火急火燎地开始行动前，用 10 分钟想想以下几个问题。

1. 如果不做，会发生什么后果？

2. 现在是不是最适合做这件事的时间，还是晚一会儿？

3. 马上开始做这件事，还需要哪些资源先到位？

4. 有没有比我更合适的人来做这件事？

短短 10 分钟，我们想清楚了四个问题，可以在执行层面节省 24 小时，而这 10 分钟时间，并不是浪费。失败的计划，注定让计划失败，谋定而后动，方为上策。《高效能人士的 7 个习惯》一书的作者史蒂芬 · 柯维讲道，任何事情都有两次创造，一次是智力创造，一次是体力创造。而 10 分钟的规划就是智力创造，没有思考就去做只是体力创造，就像我们射箭之前要先安静几秒，唤醒之前练习的精华，才更容易瞄准红心。

不规划就行动，如同四肢勤奋的兔子，未经思考就去做，掩盖不住头脑上的战略懒惰，没有独处时间，不问自己最重要的事是什么，张口闭口都是别人说，别人让我怎么做是不行的。

规划后再行动，更像一只憨态可掬的功夫熊猫，在找到内心平静之后，看似武功招数不多，却是最有力量的爆发，慢也是快。做事之前先思考，所以出招准，办事高效。每天早晨 6 点起床，静坐半小时，想一天中哪些事情非做不可，想那一件最重要的事的最重要环节是哪一步，在那一步最重要的人是谁，和这个最重要的人沟通最重要的一点是什么。等工作时间到了，按照思考的最重要思路，迅速行动，在别人还在倒水喝茶的慢热中，你几乎已经完成了当天最重要的事。尽管慢条斯理，却拥有了坐火箭的一天。

被动的兔子和主动的功夫熊猫打擂台，谁会赢？

战术上的勤奋掩盖不了战略上的懒惰，功夫熊猫胜。

古老的拉丁文箴言“Festina lente”，告诉我们要慢慢地快进，Festina 是快进，lente 是慢慢来。由两个反义词构成的句子翻译为“慢规划，快行动”。在行动之前，花 10 分钟来规划，再去行动，胸有成竹。苏轼追忆文与可，赞誉亡友所画的《文与可画筼筜谷偃竹记》：画竹，心中先要执笔凝神等待，直至看见心中的竹，才赶紧下笔，“以追其所见，如兔起鹘落，少纵则逝矣”。

马克斯·普朗克研究发现，在大脑做出选择 7 秒后，我们才能够感知这个决定。如果没有等 7 秒以上就做，我们都不知道刚才发生了什么，做了什么决定。

互联网时代，“忙”和“没时间”，成了每一个人的主旋律，可是，你有没有停下来想过，这样的忙，是不是都有意义，都有效果？

《弟子规》云，事勿忙，忙多错。如果没有经过规划，就像你的脑海中不是一吨有力量的大象，而是一吨乱七八糟的海藻，虽然重量一致，但力量不同！没有战略规划，纵使穿一件忙碌的外衣，里面没效率，心情也好不到哪里去。

原来那一件最重要的事，先要吃掉最丑的青蛙、不断砍掉的 Not to do list 清单和 10 分钟的规划，就是破解为人父母后忙乱、低效的时间管理锦囊。

第二章

拖延病，怎么治？

取道“等一等”之路，走进去的只能是“永不”之室。

——［西班牙］塞万提斯

如何过一天 ＝ 如何过一生

一位 1 岁女孩的妈妈，产后没少增重的她好想减肥，但每天照顾孩子，让她心有余力不足，减肥的事总是一推再推。她也想多看点书，能够提前应对孩子的叛逆期，可是家里外面两边忙乎，看书也被一推再推，没翻开过一页的书上积满了灰尘。日子乱乱的，总也静不下心来把事在当天完成。明日复明日的拖延，蔓延到为人父母后生活的各个角落。她一面讲一面逐渐暗淡的眼神，让人心疼。

时间是最公平的，它给每一个人的每一天分发同等的时间，那么这 24 小时，你是如何度过的？请以昨天为例，统计一下你的时间支出分布圆饼图。

睡觉________小时

工作________小时

吃饭________小时

通勤________小时

看电子屏幕________小时

看书________小时

运动________小时

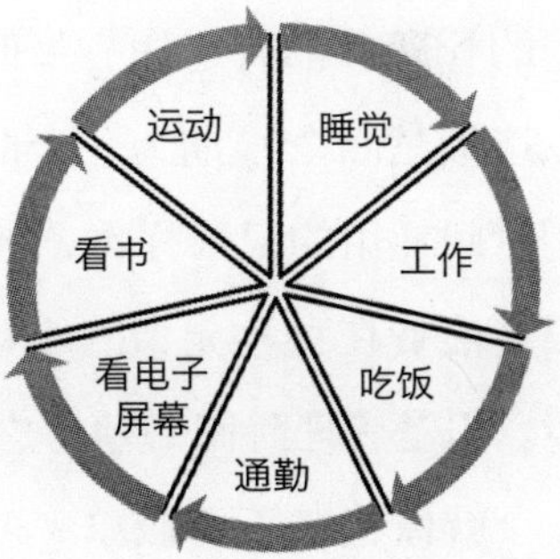

“每天居然有 5 小时都在看电子屏幕，有时候在网上看别的妈妈做辅食的攻略，在网上商城买东西，在微信上看育儿文章，不知不觉竟然会花那么多时间，好像对生活也影响不大。最糟糕的是，居然还有 3 小时不知道花费在哪一件事上，怎么都找不回来。”

是啊，如果不静下来回想我们的时间去哪儿了，我们永远也不知道时间花到哪里去了，也不知道我们已经这么久没有运动或看书，而花在看电子屏幕上的时间怎么比想象中多那么多。

有这样一位记录时间的老人，坚持五十六年如一日地记录他的时间，他是苏联的昆虫学家、哲学家、数学家亚历山大·亚历山德罗维奇·柳比歇夫，一生发表了70余部学术著作。苏联作家格拉宁出版了《奇特的一生》来向世人介绍他，他从26—82岁，坚持不间断地记录时间，让他在众多领域都取得了惊人成就。

和一个百科全书式的学术大师相比，我们不是要苛求自己在本就紧张的日子里记录所有的时间，但可以至少做一天柳比歇夫，记录过去的24小时，分别拿出了多少时间用来睡觉、吃饭、工作、陪娃、运动、读书和看电子屏幕。在一天中，我们如何分配时间，那么，在一生中，就是如何分配时间的。

现代管理学之父彼得·德鲁克在《卓有成效的管理者》中写道，卓越的管理者都有这样一份时间记录，每月定期拿出来检查。管理者往往以连续三四个星期为一个时段，每天记录，一年内记录两三个时段。有了时间耗用的记录样本，他们便能自行检讨了。假如自己的时间耗用乱，很多浪费在种种无谓的小事上，经过练习，他们在时间的利用上必有进步。但是管理时间必须持之以恒，才能避免再回到浪费的状态上去。

就像花钱不看账单，时间花出去了这么多年，我们从来没有认真算过。而要命的是，钱可以再赚，而时间无法再生。

我请大家拿出一张白纸，在上面画上10×10的100个方格，代表人的寿命是100岁。“你希望活到多少岁？”

有人说：“80岁。”接下来的事让大家意外。

“请你撕掉代表100岁和那个你希望活的岁数之间的那些格子。请你撕下已经逝去的时间的格子，再撕下你的睡眠时间的格子，每天 8 小时睡眠，请去掉剩余部分的三分之一。每天多少时间是被动的？包括吃饭、吵架、排队、找东西、玩手机，请按比例去掉。再撕下每天 8 小时的工作时间的格子，还剩多大的小纸片，还剩多少时间？剩到最后的一小片纸，你握着它的时候，想到了什么？”

大家握着小得可怜的纸片，若有所思，原来觉得有大把的时间可供消费，而真正的时间却这么少。

我们很少有机会从一生的角度去分解时间。美国斯坦福大学神经科学家、教授大卫 · 艾格曼（David Eagleman）曾列出一个令人震惊的“人生清单”。

- 有 5 个月的时间坐在马桶上看杂志。
- 如果把一生中所有疼痛聚在一起，不管是骨折、出车祸、割伤，还是生孩子的痛，要痛 27 个小时。
- 你会花整整 6 天剪指甲。
- 用 15 个月的时间寻找丢失的东西。
- 花 18 个月排队。
- 而你洗澡的时间，大约 200 天。
- 有 67 天的时间感到心碎。
- 整整 3 天都在计算餐馆账单。
- 有 51 天在思考要穿什么。
- 2 周时间数钱。
- 盯着冰箱看了 18 天。
- 看了 6 个月的广告。
- 只有 14 分钟，感受到纯粹的快乐。
- 最后，用 4 分钟思考：如果生命可以重来，会变成什么样子……

拖延入睡，这不仅影响身体，长期如此还影响心情；拖延看书，只有空荡荡的脑袋行走江湖；拖延锻炼，这一生病痛如影随形。如果每天想做一件事情，总是希望明天再开始做，却一直不行动，那我们到某一个未来也不会做，这一辈子都不会再做。如果我们不解决 24 小时内的拖延，就会让拖延贯穿一生，拖延想做的事业、拖延转行、拖延生二胎，这是 24 小时多米诺效应影响的一生拖延症。今日这块多米诺骨牌是这样倒下的，它会影响我们明天、后天直至一生的骨牌。如何过一天，决定了你如何过一生。

"你的人生目标，如果用一组词和场景来表示，那会是什么？"

大家写下了目标：从容、淡定、财务自由，希望老了之后自己可以过浇花、打太极的悠闲生活。

"看到你的目标，你有什么新的决定，比如今晚可以开始做的事？"

"今晚能开始做？"一位妈妈将信将疑地反问我，"哦，今晚我可以把孩子交给老公看一会儿，就可以开始浇花、打太极。"

童话故事里总说，"从此王子和公主幸福地生活在一起"，不是非要等到某个日子之后，我们才可以过那样的生活，而是这样的生活分布在每一个 24 小时。蒂莫西 · 费里斯是"每周工作 4 小时"观念的首创者和成功实践者，他提到了一个全新的概念"迷你退休"。不是非要到了功成名就、财富自由才能退休，退休后有时间、有钱能干什么事，其实你今天就可以干，可以将退休迷你化到你的生活中。

照此推论，我们不一定非要抽出一整天奢侈的时间美容，可以在哄睡孩子后的 15 分钟，迷你美容；也不一定非要留出多大块的时间去健身，可以在孩子没醒的早晨做瑜伽，迷你健身；我们也不一定非得空出一个下午去看一本书，可以在孩子专心玩的时候，拿一本书坐在旁边，看上几页，迷你阅读。

有总比没有好，如果没有在 24 小时内分配一点时间，那些不断搁置的梦想，将永不见光。有一点点时间，足以看到曙光。

还记得在第一章提到的时间四象限法则吗？按照紧急性和重要性来划分每天的待办事项。

如果我们人生中大部分时间都在做既不紧急也不重要的事情，我们处于什么状态？——迷茫。

如果我们能够慢慢找到一些可做的事情，人生中大部分时间都在做紧急但不重要的事情，那处于什么状态？——跑腿。

而如果我们能够找到对自己重要的事情，人生中大部分的时间都在做紧急而重要的事情，那处于什么状态？——自主。

如果我们人生的大部分时间在做重要但是不紧急的事情，我们就开始成为领导者。

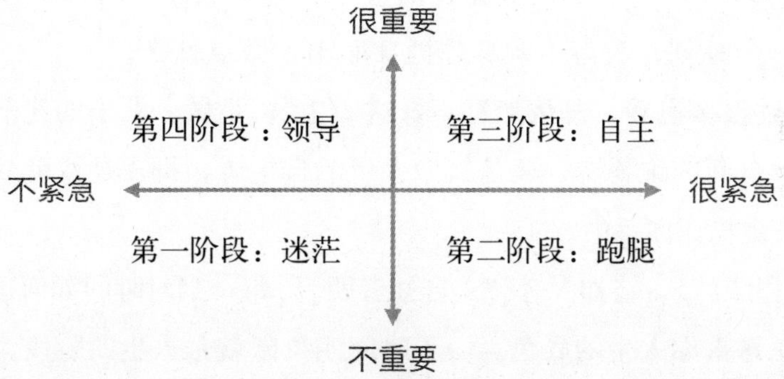

人生四阶段

人与人的差别，跑腿者和领导者的本质区别，就在于你人生中多少时间分配在哪里。分配到紧急不重要的事，还是重要不紧急的事，这两类最容易弄混的时间分配，决定了我们的人生状态。据统计，大多数人的大部分时间（50%—60%）都花在不重要紧急的第四象

限，而成功人士大部分时间（65%—80%）都花在重要不紧急的事情上。

刚上大学一心想成为社会新闻记者的我，突然间没了高考时的目标，变得无所事事。我大部分的时间都在做既不紧急也不重要的事情。这样大一的日子一晃而过。而进入大二，被这样的生活搞得有点发慌的我，开始寻求实习的机会。在实习生的角色上，每天都在做着一些紧急但不怎么重要的事情，比如打印复印，我们戏称“影帝影后”。而大学毕业后，我申请了一份美国的工作，作为一名中国籍员工，参与面向中国市场的产品研发，这才在职场生涯中找到了一点主人翁的感觉，我大部分时间在做重要而紧急的工作。而最终决定辞职创办幼儿园、开家长课，我找到了做人生中重要但不紧急工作的意义，能够带领一个团队，向着中国每一个家庭在有孩子之前都可以上家长课的目标前进，向着每一个学校都配套拥有一个家长大学的目标前进。终于有那么一个时刻，我奋不顾身想挺身而出，做点什么。

“听过很多道理，却依然过不好这一生”，是做一辈子的迷茫者，还是走不上台面的跑腿者，还是笑傲人生的自主者，抑或是成就梦想的领导者？决定权在你手中。

《道德经》云：“知人者智，自知者明。”每一刻对时间如何运用的选择，都在暴露你人生的底色。一天时间四象限就是人生四阶段，时间管理是一场“谎言”，时间从来就没有办法被管理，我们管理的是人生。

如何过一天等于如何过一生，时间管理其实不是“术”，这背后是人生管理的“道”，这让我们将生命融入一生的时间里，炼出一对干将莫邪之剑。

每天迭代一个版本

“刚打开书想看，突然觉得皮肤有点痒痒，起身去拿了一个护手霜，抹完后重新回到桌前；刚想翻下一页，喉头发紧，口干，决定要先倒一杯水；去厨房倒完水，路过卧室，看看孩子睡实了没有；孩子没事，你又想坐回桌子前；看到手机屏幕亮了，显示有未读信息，好奇会是谁呢；拿起手机没忍住读了一条，又被吸引到另一条链接里，给宝宝买了一个新奶瓶；刚想退出程序，又看到推送的尿不湿便宜，继续下单。这样也不知道过了多久，一抬头，半夜 12 点，算了，明天再看吧。”一位妈妈分享了她的拖延经历，现场所有人感同身受。

如果犹豫做不做和准备做这件事的时间累计大于做这件事的时间本身，就进入到“等死模式”。思想的巨人和行动的矮子之间的高度差，就是“等死模式”。等死是一种被动的恶性循环，在一件事上等死带来的挫败和分裂，也会延续到其他事，让我们渐渐丧失了对于人生的掌控。

我们总是避开难做的重要的事情，做那些看起来容易的事，这背后是什么在作祟？

大脑本能地喜欢从易到难，这就是为什么我们喜欢做无关的小事，不做那件要事。无关痛痒的琐事对大脑来讲更容易，与看书的深度思考相比，起身拿护手霜、倒一杯水、查看手机未读信息、在网上下单买奶瓶和尿不湿，这些小事对大脑来说轻车熟路，我们就被鬼使神差地拐到了这些事上。给客户打电话和剪手指甲比，哪个对大脑更容易？后者不用动脑子，前者需要动脑子，还要动情绪，担心自己犯错了、没做好，对方如果拒绝怎么办。长此以往，犹豫不决，还没等做这件事，就把自己吓得半死。

美国心理学家马丁·塞利格曼于1967年做了一个实验，把一条狗关在笼子里，当蜂音器一响，就电击狗，反复多次。等到把笼门打开，令人震惊的一幕发生了：没有电击，狗自动倒地开始颤抖，就与真实电击效果一样。而门就在那里，如果狗想出来，抬腿之劳。他称之为“习得性无助”。

拖延症成了我们完不成任务的借口，拖延症标签贴在身上，就万事大吉了。“我有拖延症”，就像实验中的电击，每说一次，我们就像那条狗一样倒地，到最后，没有“电击”，我们不再说自己有拖延症的那一刻，我们也倒在地上颤抖。如果非要贴标签的话，现代社会中每一个人都有拖延症。

拖延归结到底是纠结，纠结“要不要做”，纠结“完不完美”，理智上知道必须做事情A，却一直刷微信、玩游戏、看电视剧等，做这些无关之事，一个诱惑小人儿和一个理智小人儿在脑海中打架。如果能想得开，不做了，也不会存在拖延的问题。假设拿走你所有的东西，包括手机、电脑、纸笔，强制你坐在一个椅子上，不做任何事，只是待着，不出30分钟，你一定有想站起来做点什么的冲动。

拖延并非有意不做，而是总拐到做其他无关的小事上。“你觉得绕开要事，去做小事的原因是什么呢？”我问大家。“是因为太想做好了！”大家回答。没错，拖延不是因为我们完全不想做，而是因为我们有更高的期望，希望那件要事可以完美开始，完美结束。

假如你出国旅行，逛街时买了一双凉拖，回来后发现一个37号，一个38号，只差0.5厘米，你会如何选择？________

A. 懊恼自己当时怎么没认真看

B. 托亲戚朋友带回去更换

C．没想好怎么办，先放着

D．若无其事地穿出去

选 A 的你，像是一只用球棒猛击自己脑袋的兔子，耗费宝贵时间和精力不说，心情也跌入谷底。选 B 的你，为了一双鞋要做的事不止打电话找近期去美国的朋友，说服他帮忙，还需要提供发票、购买地址，搭人情，买这双鞋的钱远比不上如此折腾的成本。选 C 的你预计到这一放就是几年，没想好的事总是这样被搁置，永远无法开始。而做到 D 难度大，因为我们总是希望做到完美。

这背后是恐惧作祟，怕不完美，怕犯错误，总也找不到最完美的开始做事的机会。因此，我们要明白：

第一，在数量上，我们无法按时完成所有的事情，不拖延的宾语不是所有的事情，而是那一到三件最重要的事，换句话说，不重要的事情，拖延也可以。比如，我能给孩子按时讲绘本，就不要指望把地板准时擦完。我看书了，就不能看娱乐八卦头条。我健身了，牺牲和孩子在一起的宝贵 1 小时，但回来后心情更好了，虽少了 1 小时陪伴，却多了个精力充沛、不那么容易发火的爸爸妈妈，何乐而不为？

第二，在质量上，我们不可能一次就做到 100 分。在育儿上，我们拖延通常是担心给孩子的不是最好的，怕为人父母犯的错，会让他有创伤。可心理创伤也不是那么轻易就产生的。创伤被定义为“超出常人经验的事件”，指的是严重的生活事件，比如受到暴力侵犯，遭遇危及生命的交通事故，在自然灾害和战争中死里逃生，被监禁、被折磨、被持久虐待。并非我们对孩子控制不住发了一次火，就留下了一个难以磨灭的心理创伤这样夸张，也不是我们对孩子犯的一点错，就一定会造成一些无法挽回的影响。心理创伤是由创伤本身的严重程度，个体的易感性，当事人当时的年龄、个性特征、社会化程度等多种因素决定的，并不是单一因素、单一事件、单一人物、单一行为一瞬间决定的。

我们现在有多害怕犯错误和小时候我们被养育的经历相关。

小时候，当你犯错时，爸妈是如何对待你的？________

成年后，你如何对待自己的错误？________

你希望孩子长大后如何对待自己的错误？________

一位爸爸回忆道："小时候做题特别马虎，总是做错数学题，当时妈妈对我做错题特别不高兴，每错一道题，就罚我做一本习题册里相同的题型，当小朋友活蹦乱跳地在院子里玩，我总是在做被罚的那些题。之后的生活中，我不允许自己犯错了，尤其是有孩子之后，孩子一生病，如临大敌，无论哪儿出现问题，都接受不了自己犯错。女儿长大，活脱脱另一个我，一点事做不好就发脾气，不允许自己犯错和输。现在想来，和我小时候的经历如此相关。"

美国社会心理学家埃利奥特·阿伦森设计了这样一个实验：在一场竞争激烈的演讲会上，有四位选手，两位才能出众，几乎不相上下，另两位才能平庸。才能出众的一名选手在演讲即将结束时不小心打翻了一杯饮料，而才能平庸的选手中也有一名碰巧打翻了饮料。实验结果表明：才能出众而犯过小错误的人更有吸引力，才能出众但未犯过错误的排名第二，而才能平庸却犯错误的人最缺乏吸引力，这就是"犯错误效应"。**孩子需要的不是一位完美的妈妈，而是一位真实的妈妈，错误并不可怕，而是从错误中如何学习。**

谁都不是一步做到完美，我们都要在问题中成长，不断迭代。

比如早起，我们按照一周做计划更合适。一个月太长，一天太短。刚开始，计划也不要太严苛，我们不再望而却步。比如一周早起 4 天，晚起 3 天，这样就更容易坚持。陪孩子学琴，与其要求自己不能弹错一个音、不能弹错任何一个节奏、不能扭曲任何一个手型，就不如每一次关注大概的节奏、音准和手型。让孩子自信，再在后面的练琴中迭代。

压力过大表现也并不好，我们需要适当的压力去表现得好，这被称为叶克斯-多德森法则，又称“倒 U 曲线”，适度的压力让表现达到顶峰状态，过小或过大的压力都会使表现变差。压力过高之后，表现会随压力增加而不断变差，因为过强的压力会使机体处于过度焦虑和紧张的心理状态，干扰记忆、思维等心理过程的正常活动。处于最优压力时，一个人表现最好。而观察和判断孩子能承受的最优压力，是我们在期待孩子有所表现前要想到的问题。强度适宜的最优压力，足以激励自己但又不至于压力过大，在这样的状态下，表现才能更优。有时候父母们做不好，并不是因为他们不想做好，而是他们在被批评、被指责、被期望的过大压力中，处于焦虑紧张的心理状态，干扰了行为。

1.01 的 365 次方是 37.8，每天进步一点点，这就是时间管理的迭代思维。每天迭代一个版本，就像手机里的应用程序，每隔几天升级更新一次，修复 bug（漏洞），接受不完美的开始，从测试版到 1.0 版，再到 2.0 版，再到 3.0 版。丹麦物理学家尼尔斯·玻尔曾说，所谓专家，就是在极小的领域内犯过所有能犯的错误的人。正因如此，我希望当妈妈犯错专家、幼儿园创办者犯错专家、做家长课犯错专家。

拖延症成了最近几年的流行词，怕犯错的完美主义情结在背后作祟的原因，是我们像对待瘟疫一样对待错误。怕犯错让我们对想做的事情望而却步。

正如前文所言，如果犹豫做一件事情的时间大于做这件事情的时间，那么你就进入了等死模式。内疚感，恰恰是情绪能量中负能量的最高值，除了内耗，一无所用。因而我们要具备从不完美开始的勇气，要有在错误中不断接受反馈的迭代思维，关掉等死模式的按钮，赢回时间的芳心。

每天迭代一个版本，取决于你是不是真的相信弯路是有意义的，错误是学习的好机会。

花开堪折直须折，莫待无花空折枝。

蚂蚁吃大象，第一个 2 分钟行动

“今天太累了，明天再给孩子讲绘本吧。”

“上了一天班，不想动了，明天再看书吧。”

“带孩子玩，回来天黑了，下周再开始健身吧。”

编造那些借口，企图骗过我们的大脑，而事实上，大脑总会逮住自责和内疚，开始一个人的自言自语。

“我是一个坏妈妈，都不给孩子讲绘本。”

“看人家读书，自己怎么这么懒惰？”

“怪不得身体不舒服，什么时候你能说到做到？”

拖延不可怕，随之而来的自责和内疚才可怕。越拖延，越自责，越自责，越拖延……无法破解的恶性循环。

“拖延症”一词最早由人类学家爱德华 · 霍尔提出。美国芝加哥德保尔大学教授费拉里和加拿大渥太华卡尔顿大学教授帕卡分别统计发现，有 70% 的大学生存在学业拖延的状况，正常成年人中也有多达 20% 的人会出现拖延行为。

为什么有这么多拖延的事？因为我们觉得要做的那件事听起来太难

了，还没准备做，就被吓到了。就像一只仰望大象的蚂蚁，无力感从脚底升起。

蚂蚁吃大象

美国密歇根大学罗斯商学院教授诺埃尔·蒂奇把人的技能层次划分为舒适区（comfort zone）、学习区（stretch zone）和恐慌区（panic zone）。舒适区是已经熟练了的技能；学习区是虽有挑战但不太难获取的技能；恐慌区是暂时不会的技能。处于恐慌区时，心里会感觉严重不适，进而可能导致崩溃，以致放弃学习。我们拖延，蚂蚁掉进了恐慌区，颤颤巍巍，总也迈不出第一步。

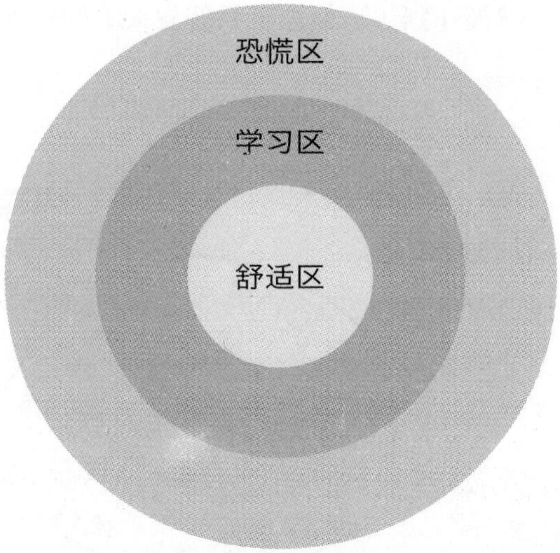

人的技能层次

战胜拖延的第一步是什么?

世界知名时间管理大师戴维·艾伦曾提出2分钟原则,即小于2分钟的事可以直接做,大于2分钟的事汇总一起做。基于此,美国著名学者詹姆斯·克莱尔把所有习惯降级到一个2分钟的行动,根治拖延症。

所有被拖延的事,都可以降级到一个2分钟的行动。

看一本书的第一个2分钟行动是什么?看完一页。健身的第一个2分钟行动是什么?做绕颈动作。以此类推,所有看似宏大的目标都可以被降级到第一个2分钟行动,2分钟行动会让我们从恐慌区回到学习区。

把大象分解为2分钟的最小行动,蚂蚁就敢从舒适区走出来。把恐慌区的大象分解成学习区的一个行动,小蚂蚁就可以朝大象迈出第一步,成就感爆棚。

大家好奇地问:"2分钟之后呢?"

2分钟之后,开始下一个2分钟,重复。一页看完再看一页,做完一个健身动作,再做另一个健身动作。随着重复的次数和数量累积,恐慌区越来越小，舒适区越来越大，体验越来越好，自然就会愿意延长2分钟到5分钟或更长的时间，就走出了“拖延—自责—再拖延—再自责”的死循环。

刻意练习需要通过一系列微小的积累，完成整体的进步。再大的目标，都可以降级到一个2分钟的最小动作，开始行动。

这2分钟是一个迷你的截止时间，一下子让我们看到了成就感，正是我们战胜拖延症的那一点点甜头，潜力无穷。

就像跑马拉松的选手，如果直接把42公里放在面前，顿时就觉得眼前一黑，无力地瘫软倒地。其实我们只需要先跑到沿途第一棵树，再从这棵树，跑到下一棵树又下一棵树而已。

荀子云：“不闻不若闻之，闻之不若见之，见之不若知之，知之不若行之。”从头到脚是世界上最遥远的距离，日拱一卒，小步前进，蚂蚁吃大象的奇迹，从2分钟开始。

练习：

最容易拖延的要事________，它对应的第一个2分钟行动是________

现在起身去完成第一个2分钟行动。没错，就是看书的你现在去做。不要再看书，做好了再接着读。

请打开新习惯的开关

看到这句话的时候，恭喜你。你从第一个2分钟行动中回来，感受如何呢？

是不是有一丝成就感？有成就感的原因，不是因为写下来要做的事，而是真的做到了。做到的原因是我们有一个明确的行动截止时间。没有具体的截止时间，很难被执行。没有监督人，没有跟进，完不成执行力的闭环。

美国佛罗里达州立大学心理学教授安德斯·艾利克森曾提出：刻意练习，不断向周围的人学习如何改进的反馈可帮助你从新手成长到大师。而周围的人就是我们战胜拖延症的最后一个关键环节——监督人。

美国耶鲁大学两个经济学家 2008 年创立了 stickk.com 网站，你可以在这个网站上发布你要实现的目标，如果做不到就罚款。公开承诺加一笔会让你心疼的罚款，帮助拖延的人实现目标，让人借助外力，获得自制力。

“我总是困了，该洗漱了，却因为玩手机不愿意动，是因为没有监督人吗？”

对。如果老板交代了一个工作三天后交差，到第三天我们肯定会完成。是因为有一个人，且这个监督人惩罚措施比较严厉，会当众批评、扣工资或直接开除。

大家听到这儿，终于明白，为什么每一次在家庭时间管理课上，我们每一个现场探讨的问题都会被追问成这样的格式：

截止日期________

监督人________

如果没做到，发红包________元

找一个监督人，做一个公开承诺，告诉那个监督人，你会在什么时候完成，什么时候甚至可以精确到分钟。对公开的承诺，很多人会认真对待。

没有监督人，就像没有收口的线头，轻轻一扯，前功尽弃。自己监督自己，实在是一个太有技术含量的活儿。为了最重要的事，我们需要监督人。而每一次我们为那件不能拖延的事找监督人，本身也在督促我们思考：什么是重要的事，我不能拖延？什么是无关小事，我可以拖一拖？

监督人，就像跑马拉松为你加油打气的队友或路人甲，你看到他们就有向前的动力。

如何找到适合你的监督人？

《史记 · 陈涉世家》中记载：“陈涉少时，尝与人佣耕，辍耕之垄上，怅恨久之，曰：‘苟富贵，无相忘。’佣者笑而应曰：‘若为佣耕，何富贵也？’陈胜太息曰：‘嗟乎！燕雀安知鸿鹄之志哉！’”

志同道合的人可以做我们的监督人。

好，现在给监督人打电话或发微信告诉他你要做的事情和预计截止日期和时间，如果你没做到，你给他发 50 元红包。完成之后，恭喜你，我们又完成了一个规划：执行力的闭环。如果没有监督人，这些念头只在我们脑海中闪了一下，永远无法变成脚下的行动。如果没有截止日期，监督人和我们都无法核对计划和执行情况。

美国《纽约时报》商业调查记者查尔斯 · 都希格指出，人一天的活动有 40% 都是习惯的产物。

一个习惯圈由三个步骤组成：线索（cue）、惯例（routine）、奖励（reward）。习惯的第一步——线索，宛如一个开关，大脑不假思索自动进入旧模式，场景、时间、情绪状态都会成为习惯的线索，如晚上手机恰巧在手旁，心里感觉无聊，这样的线索就让人来到了习惯的第二个步骤——惯例，周而复始无意识地到晚上临睡时感到无聊，就拿手机刷朋友圈，久而久之，造成失眠和坏脾气。第三个步骤是奖励，它的作用是什么呢？它帮助大脑记住这个惯例是否值得未来再去做。

19 世纪，克劳德 ·C. 霍普金斯在创立白速得（Pepsodent）品牌牙膏时利用习惯圈的第三步奖励机制做了一个大胆创新，他在牙膏里加入了薄荷油等物质，用他的牙膏刷牙之后的人感觉有种特别清凉的刺激感。想到口中味道不好这个线索时，就会进行刷牙这个惯例动作，从而获得清凉的刺激感的奖励。所以，不管多累，大家都要闭眼睛把牙刷完，如果没有清凉的刺激感，就不叫刷牙。在白速德品牌之前，牙膏渗透率只占 7%，而之后渗透率是 65%。目前所有牙膏都有薄荷油等清凉物质。

改变习惯最关键的一步是什么？

了解是什么场景、时间和情绪状态让你产生拖延。比如手机让你产生拖延，那你就把手机放在房间外。电脑让你分心，听课时就把电脑放在另一个房间。打破旧惯例，形成一个新的习惯，再为这个习惯加上一个一个清晰可行的奖励。

比如早起一周，就奖励自己平时舍不得买的那件衣服。比如完成报告，就可以在路过甜品店时，给自己买一个提拉米苏。比如陪孩子练完琴，就可以敷一张面膜。

意志力如同肌肉的力量，用力过猛，酸疼没力气。事事不拖延，不可能。如果非让我们选，只在最重要的事上，不拖延就好。

《孙子兵法》有云，“以正合，以奇胜”，拖延症治疗中的“奇”就是请打开新习惯的开关。

第三章

碎片时间的正确打开方式

时钟随着指针的移动嘀嗒作响："秒"是雄赳赳气昂昂列队行进的士兵，"分"是士官，"小时"是带队冲锋陷阵的骁勇的军官，所以当你百无聊赖、胡思乱想的时候，请记住你掌上有千军万马，你是他们的统帅。检阅他们时，你不妨问问自己——他们是否在战斗中发挥了最大的作用？

——［美］菲·蔡·约翰逊

瑞士奶酪法，见缝插针

“刚准备看书时，电话响起，打断了我的思绪。挂了电话，又想泡一杯咖啡，再翻开书，已经过去半个小时。”一位妈妈说，自从有了龙凤胎宝宝，再也没有大块的时间，工作、带孩子，还需要处理家中琐事，我们再也没有大块时间去做那些一直想做的事。“两个孩子的妈妈，怎么可能有时间……”而后是一声叹息。

移动互联网时代，人类的注意力受到前所未有的挑战，不断响起的电话铃声、手机推送的消息、随处可见的广告和想刷手机屏的手指，让我们找不到整块的时间做想做的事。想做的事不断被打断，没有产出，我们也得了短时失忆症，记忆被碎片时间瓦解。碎片化让我们抓狂，移动互联网给我们带来便捷的同时，也粉碎了我们的时间。

古谚语说，不要同时追两只兔子，而移动互联网时代，我们却在追身边的多只兔子，结果一只都没有抓到，还搭上了好心情。

美国时间管理之父阿兰·拉金在《如何掌控自己的时间与生活》中提到的“瑞士奶酪法”，开发了闲置的碎片时间。

那些上面有小孔的瑞士奶酪，里面的缝隙比看上去要大得多。为人父母者不断被碎片化的时间，宛如瑞士奶酪一般，表面看似没有时间，钻进去看，会发现还有好多利用空间，任何一小段时间的价值都不容忽视。每段碎片时间看似短暂，但因为有着明确的截止时间，容易上手，且可以避免拖延。

与其消极等待整块的时间段出现，不如利用一小段碎片时间，“见缝插针”。

网购，与其占用你睡前的宝贵时间，不如在等孩子放学的 10 分钟迅速下单，还能避免买太多不需要的东西。信用卡还款，与其中断陪孩子玩去还款，不如在排长队的时候见缝插针。你约的人迟到了，与其坐在那里心情低落，不如拿起随身带的一本书，开始阅读。

能见缝插针把马桶上、地铁上、别人迟到、等孩子放学这些碎片时间利用起来，你就像有了一个超大的充电宝，即插即用，方便快捷，电量充足。

美国加州大学伯克利分校心理学和神经科学副教授西尔维娅·邦吉(Silvia Bunge)研究发现，当多巴胺处于一个理想水平，我们的大脑就会进入最佳的工作状态。人类的大脑会记住什么样的行动会释放多巴胺，为了再现这种快感，不断重复触发快感的行为就成了习惯，越反复，行为就越熟练，这就是学习。

慢慢地，我们的大脑就学会了一个道理：**你不需要等到有一大块时间时才开始工作，因为从我们为人父母开始，我们就没有那么多的大块时间，如果现在不开始，一辈子都不会开始。**

“所有没时间做的事情都可以用瑞士奶酪法，见缝插针吗？”

是的，但需要提前规划。碎片时间如同细沙，容易从指缝间流逝。

没有大块时间去美容院，在送完孩子回家的车上，见缝插针贴一个免洗面膜，最多 15 分钟，见缝插针地美容。没有大块时间去健身房，在去卫生间的镜子面前做转脖颈 10 圈的动作，见缝插针地健身。在车上戴上耳机听喜欢的音乐，闭上眼睛休息，让自己思绪平静，见缝插针地休息。在卫生间里摆上一本书，每次阅读 10 分钟，1 个月下来就可以看完一本书，见缝插针地做从来也没有时间做的事。

开会之前的2分钟，给老婆或老公发条情话，问候一下；在银行排队等待的2分钟，给家人订个生日蛋糕，给朋友订束开业鲜花；在等电梯的2分钟，拿出随身带的润唇膏和护手霜，用见缝插针的行动爱自己。

带孩子外出吃饭，在等待服务员上菜时，拿出随身携带的纸和笔，让孩子在纸上写写画画，比无所事事、到处乱跑更让大人轻松，同时也帮孩子利用碎片时间培养自己的兴趣。带孩子等人的间歇，随身携带一本小巧的绘本，和孩子一起翻看，与焦急地等待不同，你们可以享受碎片时间中的亲子共读时光。带孩子坐公共汽车，可以定一个观察主题，去观察衣服或汽车，让看似不起眼的时间都有生活的情趣。

我们并不是没有时间，而是缺少发现时间的眼睛。

番茄工作法，专注一事

你正在专心处理工作A，嘀，来了一条手机微信，让你马上回电话；你刚想回电话，女儿跑过来，请你给她讲故事；刚抱起她要讲故事，儿子喊你，小汽车掉到沙发底下，让你帮忙捡起来；刚想起身帮忙，听到老公在卧室喊你："老婆，你看到我的袜子了吗？"此时，门外响起一阵急促的敲门声，开门一看是快递小哥，需要你签收包裹。

请问，你一共被打断了几次？________

A.3次　　　B.4次　　　C.5次

在以上情境中，你的感觉如何？________

A.感觉好　　　B.感觉糟

如果这个时候，孩子做了一件让你生气的事，你发火的可能性有多大？

A. 高　　B. 中　　C. 低

大脑如同电脑，可以同时打开多个界面，但是每次只能操作一个界面，如果要求电脑同时操作多个界面，就会死机，需要重启。同理，要求一个人同时做多项任务，也会“死机”，和电脑独自死机不同，人一旦“死机”，会波及身边的至亲至爱，比如爱人和孩子。无名的火，都来自被碎片化的感觉。

世界没有平行空间，一条时间线，只有一个你，一次只能做一件事情。

俗话说：“该吃饭的时候吃饭，该睡觉的时候睡觉。”可我们吃饭的时候，看手机，睡觉的时候，还是看手机。

“番茄工作法”是由意大利人弗朗西斯科·西里洛于 1992 年创立的。其核心是每次只做一件事，将番茄时间设为 25 分钟，专注，中途不做任何无关的事，直到番茄时钟响起，然后在纸上画一个 ×，短暂休息 5 分钟，每 4 个番茄时段休息 15 分钟。

看起来虽然有些刻板的番茄工作法，可以拯救我们的工作时间。写作最容易犯拖延症，这本书的大部分内容就是我在图书馆、咖啡厅等安静空间，通过 25 分钟和 5 分钟交替的番茄工作法完成的。番茄时钟的好处，就是能将外在干扰屏蔽，并有专门 5 分钟时间来处理干扰，比如上卫生间、看手机等。

“我工作时间还好，最惨的是下班时间，下班比上班还累。有时候既要回客户电话，又要陪孩子，怎么办？”

每天下班回家后到晚上临睡前，成了为人父母者最容易发脾气的时间。忙不完的琐事和要陪的孩子、时不时响起的电话让人焦头烂额，下班时间如何用番茄工作法，是对为人父母者的考验。

我们太习惯用时间管理方法来工作了，却几乎很少想过怎么在家庭中应用。

番茄工作法，对于管理为人父母者哪个时间段特别有帮助？

有人回答："上班时间，我就是这样来用的，25 分钟专注做事，5 分钟休息，蛮有效率的。"

那么，除了上班时间，还对哪个时间段特别有帮助呢？下班后的时间，怎么既能陪伴孩子，自己又能休息，还能偶尔处理工作？

于是，我和孩子们约定，一起做了如下时间表。

19:00—19:25	和大女儿的专属特别时光。在这段时间，由女儿来选择做什么，我陪她做她想做的事，如过家家、看她想看的绘本。快到时间时提醒孩子，妈妈和你的特别时光结束了，妈妈自己的时间开始了。
19:25—19:30	这 5 分钟时间上卫生间、看手机回信息、喝水、找东西，和其他家庭成员聊天。但必须 19:30 准时回来，如果没有截止时间，就会再次陷入混乱。
19:30—19:55	这段时间是我自己的时间，看书、写文章、做面膜。
19:55—20:00	这 5 分钟休息。
20:00—20:25	和小儿子的专属特别时光，由儿子选择做什么，我陪他做他想做的事，看书、玩车、摆积木。
20:25—20:30	这 5 分钟休息。

一张一弛，下班后的晚上不再成为吞噬时间的怪兽，变成了可以选择的番茄时间。

番茄工作法

“一定要坚持 25 分钟吗？”大家问。

番茄工作法的 25 分钟是推荐的专注时间，第一次尝试觉得太短或太长，可以自己调整，比如 15 分钟，只要能让你专注，不管是 25 分钟还是 15 分钟都无妨。

再好的时间管理方法也不一定适合所有人。最怕的就是对每一种时间管理的方法都浅尝辄止，刚用一次，新鲜劲过去，不好用，束之高阁，然后再抱怨，这也不好使，那也不好使，我就是没时间。时间管理背后是一套看待人生的哲学。

番茄工作法本质上是一种劳逸结合、张弛有道的平衡哲学。与日出而作、日落而息一样，注意力也像潮涨潮落，我们要顺应自然而非对抗自然。

犹太人把上班后的1小时，定为“第克泰特时间”（Dictator），用这1小时专用时间对昨天下班到今天上班之间接到的信函、传真、邮件等进行回复。犹太人之间也会用“现在是第克泰特时间”，表达谢绝会客，这也是犹太人在激烈的商战中，以早上专注1小时屏蔽所有干扰的传家宝。

美国心理学家米哈里·希斯赞特米哈伊将全情投入地沉浸在某件事中忘记时间流逝的状态定义为心流（flow），而整块时间容易产生心流，在心流状态下也容易让专注时间变长。在心流状态下，就像犹太人一样，如果你过了25分钟还不想停下，也可以等两个25分钟单元后再休息。如果带孩子使用番茄工作法，可以用10分钟专注、5分钟休息的节奏来练习。

只要是主动规划的时间，不管具体分钟数是多少，我们都能感受到掌控感，继而感受到心流。而心流时间越多，我们的幸福指数就越高，我们感到生而为人的价值就越大。

你愿意选择下列专注方式中的哪项？________

A. 写作的时候关掉网络

B. 搬走客厅里长期开着的电视

C. 关闭手机和电脑的提示音

D. 选一个晚上关闭朋友圈，专心享受睡前阅读时光

你的监督人是________

好，现在给你的监督人发消息，告诉他你的决定，并请他监督，如果没完成，你会给他发________元的红包。

老子云：“专气致柔，能如婴儿乎？”婴儿少私寡欲，能将能量聚在一起，若我们也能“专气致柔”，我们也会做碎片时间的主人，而不是成为它的仆人。

今天，你用番茄工作法了吗？

背包法则，场景分类

“坐在办公室里刚想工作，看到手机屏幕亮了，打开未读微信 A，点进去，看到朋友圈链接 B，点进去，看到了 C 电商的 D 商品，感兴趣，货比三家 E、F、G，最后下单的时候发现忘记密码 H，找回密码 H 后，抬头一看，咦，我本来是想干什么来着？时间就这么稀里糊涂过去了。”

一次被打断，你要花多长时间恢复？________

A.10 分钟　　　　B.10—20 分钟

C.20—30 分钟　　D.30 分钟以上

一年 365 天，如果每次被打断需要 10 分钟恢复，一天被打断 3 次，全年计算下来需要 10000 分钟恢复。被打断后恢复的时间，集腋成裘，也是我们可以找回来的时间。

一次被打断，可以来自内部，也可以来自外部。外部打断最容易识别，找到外在黄金时间保持专注，使用番茄工作法。但内部打断难识别，比如做事 A，突然想到事 B。你是应该做 A 呢，还是开始做 B 呢？

我们把大脑当成一个硬盘，总是靠大脑来记住要做的事，大脑一直记着这些事，没空间思考重要的事，其他事也记不住，到了截止日期，才想起来，后悔不已。大脑是中央处理器 CPU，不是用来存储的硬盘，要想让生活不乱，我们要做的事要从大脑中腾空，列到待办清单上。

一位妈妈递给我一张纸条，上面写了她从大脑中腾出来的今日待办清单。

- 写半年工作总结

- 去干洗店取老公的衣服
- 网购家用的卫生纸
- 陪孩子读新买的绘本
- 给孩子买画画颜料
- 听育儿有声书
- 给同事回邮件
- 给客户回复明天开会地点
- 取彩印好的照片

“如何把乱七八糟的待办事项，分解成分类清晰、可实施的行动呢？”

分批处理，根据不同的场景，来分批处理不同的事情。为每一个场景准备一个“背包”，里面装上在那个场景中要做的事情的清单及资料。我们需要提前根据场景规划，决定不同场景下我们做什么类型的事。规划后，在相应场景中，打开对应行动清单，开始做。这就是“背包法则”。

按照背包法则，我们尝试批量分类。

- 写半年工作总结——电脑
- 去干洗店取老公的衣服——外出
- 网购家用的卫生纸——手机
- 陪孩子读新买的绘本——在家
- 给孩子买画画颜料——手机
- 听育儿有声书——手机
- 给同事回邮件——手机
- 给客户回复明天开会地点——手机
- 取彩印好的照片——外出

看似杂乱的待办清单被分类成在家、电脑、外出、手机四类场景。

- 在家：陪孩子读新买的绘本
- 电脑：写半年工作总结
- 外出：去干洗店取西服、取彩印好的照片
- 手机：给客户回复明天开会地点、给同事回邮件、听育儿有声书、网购卫生纸以及孩子的画画颜料

我们对空间比对时间更敏感，当批量处理后，大脑自动进入不同的场景中，打开不同的清单开始做。

每天下班后的时间，也可以根据家庭中的房间合并同类项，以下两个场景，你愿意选择哪一个？

场景一：先到卫浴间自己洗澡，再到客厅陪孩子玩一会儿，再叫孩子洗澡，还要沾满湿气再来一遍。好不容易把孩子送出去，让孩子在客厅刷牙，追着满屋跑。等好不容易把孩子哄睡了，也把自己哄睡了。等带着没刷牙的腐臭口气在凌晨醒来，再看到卫浴间堆着一盆衣服，别提多有挫败感了。

场景二：提前和孩子约定和孩子一起洗澡的时间，和孩子约定在洗澡前刷好牙。在孩子独立洗容易洗干净的部分的时候，同时洗好大人的贴身衣物。如果孩子愿意，让孩子独立洗自己的衣服。最后刷牙、洗澡、洗衣服全部一条龙搞定，孩子参与了洗衣服，不亦乐乎。

自己洗澡、刷牙，给孩子洗澡、洗衣服，这几件事情全都发生在卫浴间。这些看似琐碎的事集中在一个场景中全部完成，既能减少场景转换的时间成本，也不容易遗漏生活中的琐事。随着你在孩子面前合并同类项，孩子也会学会在特定空间中做特定事情，比如在阅读区专注看书，

在客厅玩玩具，在卫浴间洗漱，帮助孩子定位空间来减少时间转换的难度。对于孩子来说，空间比时间更容易认知，也更容易配合，因为提前约定，孩子也不会突兀反抗。

带孩子入睡的难度也不小，如果运用背包法则，怎么改善大人和孩子晚上入睡的时间安排呢？

在入睡之前，将所有发生在客厅的活动提前完成，把发生在卧室的活动打包在一起完成，比如睡前阅读、更换睡衣、睡前喝水等一连串事情，减少空间转换对孩子的影响，自然入睡更容易。

有一款时间管理的软件 Omnifocus[①] 可以在不同的场景中提醒你，它有一个独特功能，就是为每一个待办清单设置场景，场景可以自定义为手机、电脑、外出、在家、在办公室等，每一个场景可以设置定位地址，当你到达这个地址后，自动推送这个场景下的待办清单。

刚开始使用背包法则、场景分类，我们会不习惯，随着练习时间越来越长，大脑就会像 Omnifocus 一样直接推送这个场景中要做的事。进入到场景中，自动开始这个场景中要做的事，就不容易因被打断而迷失。背包法则宛如导航仪，让我们始终记得在什么场景下做什么事。

为人父母者碎片时间的典型场景：等孩子下课、通勤的路上、排队、等着开会等。根据每一个场景的特点，提前安排要做的事。如上了地铁，信号不好，时断时续地听书效率不高，人多拥挤，不方便携带书籍，可以在手机上完成可以完成的工作；等孩子下课时，听下载好的有声书；通勤的路上，在手机备忘录上写工作总结；坐马桶时，看手机上提前下载好的那本想看的电子书；排队时，网购家庭用品；等着开会时，收发电子邮件。在对应场景中，打开对应的行动清单开始做，慢慢将碎片时

① 苹果系统中一款任务管理软件。

间捡回来。

把电话放在一起打，把邮件放在一起回，把要买的东西一起在手机上订购，一口气在电脑上处理一串事情，外出一趟把所有杂事一块办了，打包处理，减少行动之间的转换成本，将同一个情境中的任务打包完成。

一位妈妈听到这里，飞快地在纸上写下了她的三个新决定。

- 在排队的时间用瑞士奶酪法，比如停止刷微信，开始读手机上的电子书，不是非要等到大块时间才开始阅读。
- 分类整理钥匙、手机等常用物品，将其放在固定位置，并在每一次拿出来之后物归原位。通过养成良好习惯，把找东西的时间拿回来。
- 买菜时按照做菜组合采购，在打开冰箱时看到的都是菜的组合。做菜取菜按照模块提取、存放，高效轻松。

如果不把记下来的东西放在相应的场景中，就无法快速提取，立即行动，从而陷入碎片时间的旋涡中，想不起接下来要做的事。而处理了这些小事后，在整块的工作时间和陪孩子的时间，我们才能不被打扰，专注做对我们来说重要的事。

什么时候人最有创意，正襟危坐时还是洗澡时？

大脑放松时，神经信号在大脑中移动的面积更大，更有创意。人洗澡的时候最有创意，在洗澡的碎片时间，大脑进入发散模式，神经信号更活跃，会想到一个长期困扰你的问题的答案。音乐家莫扎特常常利用理发的时间思考创作，每次理发师把围裙一放，他就把想好的乐谱记下来。

时间管理不是穷尽每一分钟都要具体做什么，而是尽力按照场景打包任务，变被动为主动。

长尾效应：化零为整

坐出租车听的哥大声放评书，咖啡厅里某位领导打电话大声骂人，家里老人开的电视快成背景音乐了，我们的时间被塞满的同时，也被碎片化了。

开着电视机陪伴孩子，工作时手机铃声不静音，看新闻和八卦不知不觉深夜了，第二天无精打采。强迫症总喜欢看未读消息和升级那些从来也不用的软件，沦陷在别人的朋友圈和各种刺激性消费的屏幕布局中，却忘记了自己本应该发给某个重要人物的重要内容。除了被快节奏碎片化的时间，我们自己也把时间碎片化了。

在科技时代，拿起手机简单，放下手机难于上青天。有多少晚睡的人，都是折在手机上，多少时间也消逝在手机中，尤其在移动互联时代。我们如果能管好手机，生活会有多少不同？

“人为什么喜欢刷朋友圈？”

“了解朋友最近动向。”

“是按照时间线看好多朋友的最新帖子，还是按照某个朋友看他过去所有的帖子？哪一个更有效率？”

大家陷入了沉思。拿手机刷朋友圈，按照时间线来看朋友圈或新闻，是软件设计者希望我们停留时间更长，让软件产生更多的商业价值，而并非出于我们本心。如果看朋友圈是了解朋友，知道发生的事，最佳方案是按照人的头像点进去看他的过往消息。集中一个人来看朋友圈，我们容易从一个维度提取信息。

把碎片信息集中为主题来看，这就是化零为整。除了社交媒体，还有阅读。采取主题式阅读，针对同一主题，找到所有相关的书籍泛读，再精读。如果想了解时间管理的内容，找到所有相关领域的书籍，集中阅读，让所得更集中，更容易在该领域构建自己的知识。小时间，大作为。

达尔文说，他从来不认为半小时是微不足道的很短的一段时间。而现实中，我们的半小时容易被以下哪些时间小偷偷走？请勾选。

________电视

________新闻

________八卦

________电子游戏

________升级软件

________刷朋友圈

________在网上和人吵架

不知何时，电视成了家庭的背景音乐，我们开着电视吃饭、聊天、陪孩子玩。嘈杂的声音，跳跃的画面，频繁地换台，我们究竟从电视中吸收了什么？除了烦躁和喧嚣，一无所获。

新闻和八卦是互联网时代炙手可热的主角，昨天哪对师徒吵架，今天某某离婚占据头条，明天不知道什么新闻要占据头条……新闻和八卦就像快餐，吃下去没问题，但咀嚼起来，没什么营养。如果把玩电子游戏当成休息，还算迷你娱乐和休闲，怕的是上瘾了，本来期待利用电子游戏来放松，结果比上班还累，也影响睡眠和视力。升级软件和刷朋友圈已成为我们的条件反射，完全不经过大脑，时间小偷偷走了时间，我们却浑然不觉。我们的业余生活就这样被塞满，时间被碎片化。

数学家苏步青把碎片时间比喻为零布头，“我用零布头，做衣裳有整块布料固然好，没有整段时间，就尽量把零星时间利用起来，天天二三十分钟，加起来很可观”。化零为整，这就是时间的长尾效应。美国

《连线》杂志主编克里斯·安德森于2004年提出，分布在需求曲线尾部的零散的小量的部分累加起来比主流市场还大，称为长尾效应。把那些不起眼的碎片时间利用好，可以发挥比整块时间更大的作用。

如果每天阅读20分钟，每天20页，一个月600页，一年就是24本书。

宋代欧阳修在《归田录》说："余平生所作文章，多在三上，乃马上、枕上、厕上也。"碎片时间除了做小事，也可以用来做大事。不一定非得等到大块时间再来做大事。如随手打开手机备忘录记录下今日工作的心得体会，三五句话，沾染清新之风，比等到年终搜肠刮肚要靠谱得多；不一定非要等到大块时间才可以看书，随手下载电子书，在对应场景中，随时开始读书，集腋成裘，积少成多，化零为整。

东汉学者董遇说："冬者岁之余，夜者日之余，阴雨者时之余也。"他在空余时间读书治学，成为学者。

如果不相信时间的长尾效应，也许我们等一辈子也等不到开始做的时候。如果大家都有同样的24小时，差不多的大块时间，那么决定一个人生活品质的往往是这些被碎片化的时间，碎片时间的利用在于化零为整。如何过一天等于如何过一生，我们希望一生如何过，那我们就要在每一天的碎片时间中都有见缝插针的安排。

每一个习惯的养成，都需要缓慢的过程，平均需要66天，个体之间差异比较大，从18天到254天不等。都有如下的过程，从一开始比较难改变，到后面趋于平稳。需要多练习。

大家着急地问："怎么练习呢？"让我们先从手机的使用开始。

第一，没有明确目的，绝不关注手机。

第二，关闭手机所有通知、推送的提示音。

第三，有明确目的再关注手机，提前设定1—5分钟的截止时间到点准时放下手机。

第四，如果没做到，给监督人发 50 元红包。

监督人________

好，现在请告诉你的监督人以及他可能会收到的 50 元红包。

没有监督人和惩罚机制，人的惰性都会让我们回到固有的习惯模式。

即便这样，我们也无法穷尽所有的碎片时间为我们所用。在科技时代，我们不断被手机、电脑的提示音打断，慢慢疏远了自己的内心，只有回归自己的内心，重新调整碎片时间的正确打开方式，才有更多的化零为整。

第四章

爱自己，才能爱孩子

我给不出一个万无一失的成功法则，但我能告诉你一个万能的失败法则：永远取悦所有人。

——［美］赫伯特·B. 斯沃普

妈妈专属“断娃”时间

陪女儿在客厅玩耍的时候，透过那扇雾蒙蒙的落地玻璃窗，我隐隐看到一个娇小的身影一路小跑，手中紧紧提着一个大大的背包。定睛一看，原来是邻居妈妈提着背奶包正在一路小跑赶着上班。不知道为什么，那一瞬间，我鼻子酸酸的。

女儿抬头，一脸无辜地看着百味杂陈的我。我摸摸她的小脑袋，什么都没有说。

记得有这样一句话：“决定生一个宝宝，是一件伟大的事情，因为那意味着你的心从此脱离你的身体。从此，这颗心都要守护一个生命，无论你在哪里，无论他在哪里。”

分娩时刻的十二分疼痛，会被孩子会心的微笑化解得烟消云散，你甚至不记得你曾经那么狼狈地叫喊过；每一个夜晚照顾孩子的困倦，会被他安详的睡姿驱散得无影无踪，你甚至不记得原来一觉睡到天亮是什么滋味。

提不动 10 斤大米的你，可以单臂夹起 20 斤的娃；曾经扭捏羞涩的你，可以在喂宝宝母乳的时候坦然接受注目礼。

以前参加各种考试的你，可以偷懒打盹期待下一次的侥幸；现在的你，只剩下破釜沉舟的背水一战，一边抱着孩子，一边听着耳机里的题目。

以前，出差的你可以纵情享受另一个城市的风情，期待那小小的释放；现在的你，只剩下回家倒计时的焦急，一边看着日程表，一边看着手机里宝宝的照片，缓解那份让人窒息的思念。

一日公主，婚礼上的万众瞩目、幸福焦点。十月皇后，孕期的千娇百宠、百依百顺。终究是一生操劳、才知道，世间母爱为何。

那个在晨光中一路小跑的母亲，时隔多年依然不断地出现在我的脑海，为孩子奔波牺牲才配得上母亲这个伟大的称呼。

女人们都有点惧怕当妈妈，好像妈妈就应该在孩子发脾气的时候，心静如水气定神闲地安慰孩子；就应该在孩子需要的时候，放弃自己的职业，冲回家做全职妈妈，为孩子的前三年提供高质量陪伴；就应该在另一半打拼事业的时候，选择妥协和坚守在大后方，不得有怨言。每次提到这个话题，我都忍不住心疼这些曾经一日公主、十月皇后的妈妈。

每次家庭时间管理课，我们都以一个特别的方式来开场，那就是："一天 24 小时，你最喜欢的时间段是什么时候？"

大家惊人一致地都会选择以下三个时间段：

- 孩子睡觉后的 10 点到 12 点
- 孩子没有起床的早上 6 点到 7 点
- 送孩子去幼儿园之后的 9 点半到 11 点半

这三个时间段有什么共同点呢？

都是没有孩子、我们可以独处的时间。

为人父母后，我们的时间被孩子和工作占据，如何能既照顾孩子又做饭、收拾房间、洗衣服，还能关心爱人和老人，同时在工作上有所成就？多么希望成为超人父母，拥有三头六臂，满足所有人对我们不同角色的期待，但往往事与愿违。

"女儿出生后，我在一家互联网公司工作，允许在家办公的工作让我尝到了可以陪伴孩子的甜头。因为一周 7 天每天 24 小时，我都可以在家，我成了‘随叫随到’妈妈。虽然家中也有老人帮忙，但是我对自己的要求很高，我不会把时间浪费在通勤的路上，那还不如用节省下来的时间陪伴孩子。我没有休息的时间，强压着想出去见朋友放松的心，一味陪孩子。但越是这样，我的脾气越大，一点不顺心的事就会让我勃然大怒，不管是对着有点懵懂的孩子、辛勤帮忙的老人，还是搞不清楚状况的爱人。”

心理学家弗洛伊德认为，人格由本我、自我、超我三部分构成。“本我”，本能的“我想要”，是生而有我之我；而“自我”，是在现实环境约束下之我；而“超我”，是遵守道德和内心良知之我。“本我”也许会替你喊累，但是“自我”的天平倾斜到“我应该”的“超我”。“本我”在微不足道的权衡中灰溜溜地退居二线，要不成为三头六臂满场跑的超人型，要不成为自我道德挞伐的内疚型。社会讴歌任劳任怨的母亲，道德的法庭上笨妈妈和懒妈妈抬不起头。我们民族弘扬牺牲式的母爱，一辈子压弯了腰，掏空了双乳，榨干了生命，尽管汉子负心，子孙不孝，而依旧能用博大无私的母爱去呼唤浪子回头。一旦这样的形象伫立在我的面前，我的“超我”总是想捶打我的“本我”。我们会在心里这样要求自己——我可不像其他妈妈，只想着自己美，那样多自私，一点也不为孩子着想，却无比疲惫。

这样的恶性循环，画地为牢，禁锢绑架人。好像心里有一个看不见、摸不着的道德声音，总在深夜造访，“你这样做不对”，“你这样做就不是好妈妈”，自己惩罚自己。

“爱人实在看不下去我对自己的严格要求。他让我出去散散心，找朋友聊聊天，让我自私一些。而我总放心不下孩子，好像不做点什么，就不是好妈妈。”其实这样自己不开心，家人也都不开心。妈妈这个高速运转的陀螺，突然停下来，是多难的一件事情。对自我过高的要求，也不会给周围的人带来任何愉悦。

世界上最不能背叛的是什么？是自己的感受。

一位妈妈想起了第一次打女儿的场景："她 2 岁的时候，有一天我特别累，我实在记不得她因为哪件事情让我愤怒，失手打了她，虽然打得不重，但是那天晚上，我怎么都睡不着，一闭上眼睛，就能听到一个声音：'我打了孩子，我不是一个好妈妈！'"

日本导演岩井俊二拍摄的电影《爱的捆绑》中的女主人公是一位全职太太，而男主人公是一位忙碌于创作的作家。和普通家庭一样的是，在他潜心写作的时候，她一边打毛衣一边不经意地问他一些在他看来无关痛痒、不值得认真回答的问题，每一次都得不到她想要的答案，失望的她只能自己消遣娱乐。从打毛衣的线绳中，她找到了安慰，开始用绳子捆绑剪刀、书、苹果和乌龟，捆绑看到的每一样物品，直到最后捆绑整个家和自己。

电影中最震撼的一幕是，当她的爱人回来时，家里的一切都被绳子捆绑着，他穿过密密麻麻的绳子，不解地问她："怎么会这样？"

透过密密麻麻的绳子，他看到妻子拿出他们的照片："我绑住了我们的爱！"后来，看了医生，他才知道，她得的是强迫性紧缚症。他决心要治好她的病，可等他醒来，她早已没了踪影，留下一屋子密密麻麻的绳子。

失去自我的女人，除了捆绑和窒息，给不了对方真正的生活，何谈爱？而尊重自己、爱自己的人才可以真正尊重和爱别人，爱因自私而无私。

我邀请一位妈妈拿一个透明的广口玻璃杯，告诉她，这代表你的生活。如果旁边堆放的一块超级大的石头以及若干小石头和沙砾都要放入这个玻璃杯，你该怎么办？

她摆弄了半天广口玻璃杯，如果先放小石头和沙砾，大石头放不进去，无法完成。要想把所有东西都放入广口玻璃杯，一定要先放大石头。

那什么是生活中的大石头呢？

大石头是对自己的关爱。别人口中“自私”的妈妈，代表的就是爱自己的这块大石头。之后的小石头和沙砾代表孩子和家人，放好了大石头，我们的广口玻璃杯里既有空间也有肚量能够承载他们。

世界上最重要的人是谁？________

A. 孩子　　　B. 老公　　　C. 父母　　　D. 自己

有多少人会选择 A？举手的人哗啦啦一片。有多少人会选择 B？也有不少。有多少人会选择 C？也有很多人举手示意。

而几乎很少有人选择第四个选项，那就是自己。如果一个人连自己都认为不重要，怎么会尊重和爱别人？**是呀，世界上最重要的那个人，是亲爱的自己。**世界上对好妈妈的定义有千万种，而当好妈妈的第一步是关注自己，看到自身作为一个人的本能：要休息。我们最容易忽略的就是自己，最容易责备的也是自己。“人家妈妈可以，我也可以的！为了孩子，再忍一忍，就过去了！为了孩子，我怎样都可以！”

有时放松一些，彼此都开心。绑架了自己，也势必会绑架别人。用道德熔炉“冶炼”出来的好妈妈，不一定真的能让自己和别人轻松。而男人们要的女人，绝不是一个委屈自己、成全别人、不快乐的妻子，而是一个勇敢做自己并享受其中的独立个体。

在家庭时间管理课上，每到自我介绍，我们才反应过来自己的名字不知道从什么时候开始被某某妈妈代替。从称呼上，我们淹没在某某妈妈的唯一角色里，这是一种特别的仪式。在每天举行的“自己是谁”的仪式中失去自我，只剩下了妈妈这单一的角色。我不只是妈妈，我还是我自己。

一个妈妈回忆，宝宝刚出生 1 个月时胃口不小，每到夜里的两三点，在自己睡得最香的时候，小家伙准会醒来，要求饱餐一顿。要母乳喂养的妈妈，哪怕刚经历了生产阵痛，身体还未恢复，也要“坐陪”。最开始的几天，还能勉强应对，但是到一周后的凌晨两三点，宝宝一开始哼唧，脑海中就开始冒出这样的想法：好烦！怎么又来了？我怎么可以有这样的想法？她是我的宝贝，怎么可以烦他呢？天哪，怎么有我这样狠心的母亲？终于憋不住了，向孩子爸爸忐忑地如实相告萦绕在自己心头许久未散的内疚。孩子爸爸淡淡地说：“你只是累了而已。”

美国超级育婴师特雷西·霍格 25 年间护理过 5000 多名婴儿，她总结了“E.A.S.Y”新生儿作息程序，帮助了千万个家庭。E.A.S.Y 分别代表妈妈的四项日常活动：喂奶（Eating）、活动（Activity）、睡眠（Sleeping）、你自己（You）。前三项毋庸置疑容易让我们理解，为什么新生儿作息程序中，会出现“妈妈自己”？

偶尔偷个小懒，溜个小号，投资时间做些自己喜欢的事情，虽然暂时告别职场这一社会维度，你仍可以有一个属于自己的支点，撬动好妈妈这块大石头。如果我们在陪孩子的有限时间内，尊重孩子如同他是一个独特的个体，倾听孩子如同自己是一个虔诚的信徒，信任孩子如同他是一个富于智慧的生命，我们花了一点时间在照顾自己上，谁又能说我们不是好妈妈呢？

“当妈妈后，我都不敢独自出游，女儿 1 岁半之前，我几乎没有离开她超过 4 小时。在爱人和老人的支持下，面对好友一起出游的邀约，我破天荒答应了不带孩子单独和朋友出去玩。也许之前的我就像关久了的鸽子一样，站在笼子门口，惆怅又不敢飞，我明白了：世界上没有笼子，只有不愿意飞的鸟。”

德国文学家赫尔曼·黑塞说，对每个人而言，真正的职责只有一个：

找到自我。然后在心中坚守一生，全心全意，永不停息。所有其他的路都是不完整的，是人的逃避，是面对大众理想的懦弱回归，是随波逐流，是内心的恐惧。我们什么都教不了孩子，唯有在他面前展示一个真实的自己。

美国婴幼儿照料者资源协会中心的创始人玛格达·格伯（Magda Gerber）女士早在40多年前就提出，孩子需要一个真实的大人。我们要对孩子真实表达自我，即便是对刚出生的婴儿，我们取悦或隐瞒，婴儿也能精准地感受到父母的情绪。当孩子号啕大哭的时候，我们并不是要冲过去立马解决这个麻烦，以此来证明自己是好爸爸或好妈妈，与此相反，我们需要接受自己有情绪，接受或长或短的独处，当自己的情绪被接受，孩子的情绪也会被接受，一切都会慢慢平复。

妈妈需要安排专属“断娃”时间，人需要独处，就像人需要食物一样。我们总是预留陪孩子的时间，但唯独没有预留时间给自己。可以用半小时下楼遛弯，可以用15分钟敷一张面膜，抑或是在孩子睡着之后，跟着小憩5分钟。时间不在长短，而是我们要有照顾自己的机会，先把大石头放到玻璃瓶里，才能有更多的空间留给别人。

给孩子做日常惯例表，我们也需要考虑关爱自己的日常惯例，如每月关爱自己日是哪一天？每天关爱自己的时刻是哪15分钟？安排“断娃”时间，不是推卸养育孩子的责任，对孩子不管不问，而是在以孩子为中心忙得团团转的紧张时间表中，预留哪怕短短5分钟属于自己的时间，安排一场自己和自己的特别约会。

英国心理学家温尼科特在亲子关系理论中，把好妈妈定义为刚刚好的妈妈，不油不腻，既不会完全忽略孩子，也不会对自己进行道德挞伐，全心投入，又可以全身而退，不是苛求自己上得厅堂下得厨房的得体，而是在孩子不需要自己的那一刻，按捺住心理补偿的需求，意味深长地拍拍他的肩说：“走吧。”

出嫁的时候，我沉浸在浪漫的婚礼中，完全没有留意我的母亲在做什么，直到回放婚礼视频的时候，看到在角落里悄悄抹眼泪的她，我不能理解，为什么我大喜的日子她要落泪。后来，我自己成为妈妈，送女儿去幼儿园的路上，看着她兴奋地扑到老师的怀里，头也不回的那一刻，我尝到了我婚礼上妈妈的眼泪。

无休止地被孩子需要的时候，我们劳累又有点心烦，天天盼望小家伙长大快去学校，而当他真的走入他的小社会，有了自己的圈子，那个在远处默默注视的有点失落的我，面对曾如此被需要的过往，需要挥一挥衣袖，不带走一片云彩。

管理能量而非时间

“要不是为了你，我能这么累吗？一点小事，你至于哭闹吗？”有时候不是不知道“世界上最好的教育就是妈妈情绪平和”的道理，而是“臣妾做不到”。

睡眠严重不足、繁忙的工作、身兼数职都让为人父母的我们疲惫不堪，强打起精神陪孩子。当我们是孩子唯一的能量来源，又在他们身上耗尽能量时，就一定会出事。

我们把新手父母按照能量和预期分为四类：高能量高预期的超人型、高能量低预期的轻松型、高预期低能量的内疚型和低预期低能量的缺席型。

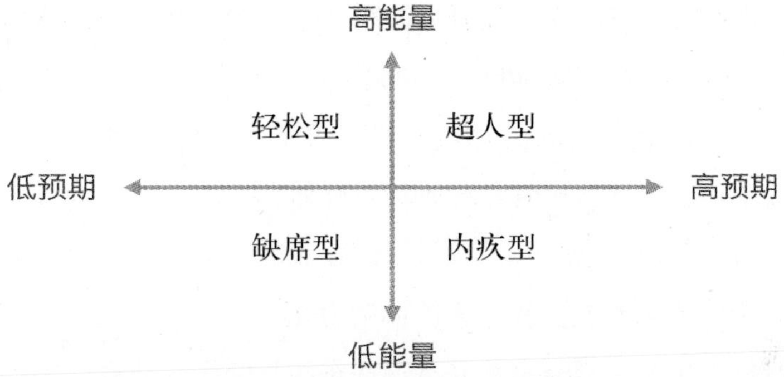

新手父母按能量和预期划分为四种类型

你是哪一种类型？________

A. 超人型　　　B. 轻松型

C. 内疚型　　　D. 缺席型

新手妈妈由于预期高的原因，更容易成为 A 超人型和 C 内疚型，一个是身累，一个是心累。

为人父母，要养家又要照顾孩子，疲惫掺杂挫败感袭来，在回家要敲门迎接孩子们的那一刻，我们强打着精神，穿上一件快乐的情绪伪装衣，蹲下来，迎接孩子扑向自己怀里。我多么希望进家门给孩子一个高质量的陪伴，可无力感让我的脾气不自觉变大了一百倍。平常看来一笑而过的孩子的错误，在此刻成为不可饶恕、定会较真到底的错误。有时候我们不是不知道如何管理情绪，只是能量不够，做不到。如果能量高，我们都可以成为超人型和轻松型的父母。

在这个时代，我们遭遇前所未有的个人能量危机，比从前要做更多的决定，面临更大的压力。就像开车时忙着换挡，从工作的状态换到带娃的状态，就是没时间加油和保养汽车。说到为人父母后的时间管理，我们对于它的重要性高度赞同，但是真的让我们开始改变，却会面临更多的理由和借口，而最重要的理由就是没有精力。不得不承认，时间管理有时就是精力管理。为人父母后的时间管理往往和精力管理紧密相关，心有余而力不足。那么我们的精力到底怎么了？

测试：根据自己的情况，给下列每一项打分，满分 10 分。[①]

1. 在工作日，我会定时站起来活动身体。________

2. 我有一个能坚持的运动项目可以让我的能量增加。________

3. 我吃下的东西能让我一天保持精力充沛。________

4. 我每天吃东西都有规律并且这些东西都健康有营养。________

5. 我每天至少有 7 小时睡眠。________

6. 我对每晚睡眠质量很满意。________

7. 我有行之有效的处理压力的方法。________

8. 我的生活方式可以让我管理好压力。________

9. 我经常有和生命中重要的人交流的特别时光。________

10. 我经常会有时间思考我的人生目的和价值。________

如果低于 65 分，恭喜你，你有机会提升精力管理。如果超过 65 分，恭喜你，你的精力管理还不错。

如果把能量比喻成杯子里的水，睡了一夜好觉，早上起床，宛如杯子里装满了水。这时候，孩子哭闹，就好像把杯子里的水倒一些给他；随即老公找不到领带，需要你帮忙，就像又把你杯子里的水倒一些给他；路上堵车，杯子里的水又倒了一些给交通；上班后，同事的失误让你被领导批评了，杯子里的水又倒了一些给工作；老公打来电话，晚上有应酬，没有办法接孩子，杯子里的水又倒出来一些。就这样，你拖着疲惫的身体回到家，去接孩子，孩子没玩够，你在公共场

① 摘自富兰克林·柯维的《五项选择》。

合歇斯底里，杯里的水少得可怜，可还是要倒出仅存的几滴，杯子就这样见底了。这时候，孩子再让你陪他玩，你还有能量吗？

道德要求我们做一个有求必应的好妈妈，我们还是会去陪，当能量杯见底的时候，总是忍不住发脾气。有的时候，不是情绪管理能力不行，而只是因为疲惫。当特别疲惫的时候，我们就容易发脾气，而每一次发脾气之后，我们都会内疚不已，进一步消耗我们残存的能量。

美国心理学家大卫 · 霍金斯曾将人类各类情感的能量等级从 0 到 1000 排序，200 以下为负面，200 以上为正面。最负面、伤身的情感，不是愤怒、恐惧和悲伤，而是羞愧和内疚。羞愧的能量等级为 20，羞愧让我们恨不得找个地缝钻进去。而内疚的能量等级为 30，懊悔、自责和受害者心态都会让我们迅速陷入自己捶打自己的情绪深渊。而我们身边的至亲至爱会感受到我们频繁的愤怒和疲乏。

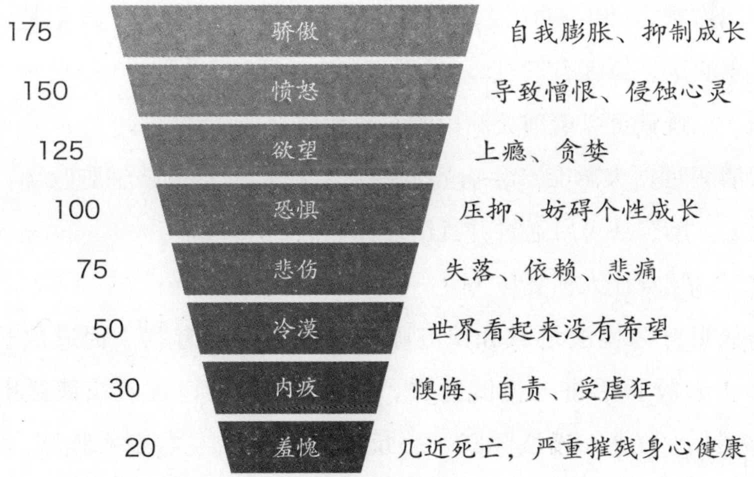

能量等级（负）

在时间管理四象限中，我们工作的投入产出比不同：

第一象限，既重要又紧急：时间 + 精力 = 回报

第二象限，重要但不紧急：时间 + 精力 < 回报

第三象限，不重要不紧急：时间 + 精力 =0

第四象限，不重要但紧急：时间 + 精力 > 回报

我们需要在哪里投入时间和精力，获得更高的投入产出比呢？

第二象限。我们要为重要不紧急的第二象限提前规划，预留时间，就像手机需要充电，车没油了需要加油。

能量的来源有五个：睡觉、运动、吃饭、放松和情感加油。

睡觉属于________

第一象限，既重要又紧急

第二象限，重要但不紧急

第三象限，不重要不紧急

第四象限，不重要但紧急

美国作家吉姆 · 布切说，睡眠是上帝，需要你崇拜！睡觉是一件重要不紧急的事，原因有三点。

第一，睡觉可以清理大脑中的有毒物质。

人清醒时，大脑会产生有毒的物质，睡觉时，大脑细胞收缩，细胞间隙变大，脑脊液可以通过并且清理掉它们。

第二，睡觉让人恢复体力。

睡眠被分为慢波睡眠和快波睡眠，慢波睡眠有利于促进成长和恢复体力。人睡着后进入慢波睡眠，持续 90 分钟，进入快波睡眠，持续 30 分钟，又进入慢波睡眠……反复交替 5 次左右完成睡眠。

第三，睡觉让人加深记忆，整合学习内容。

在睡着后，有一个快速眼动阶段，大脑内蛋白质合成增加，有助于巩固和整合记忆。其实婴儿需要那么多时间睡觉，有一半的时间花

在快波睡眠上。睡眠也是学习与记忆的重要环节，睡眠时大脑会整合学习的内容。

睡眠是节省时间的关键，通过剥夺睡眠来节省时间，这是对时间管理最大的误解。如果只把时间当消费品，我们会不舍得睡觉，如果把时间当成投资，就能意识到睡觉也能节省时间。早起干活比熬夜干活更高效。

为什么有时候越看手机越会失眠呢？

每个人都有睡眠生物钟，这个内在系统会控制我们何时入睡，睡得多熟。影响睡眠生物钟的重要物质是褪黑激素。外界刺激往往让我们无法入睡，比如躺在床上看手机，成了许多父母最常见的失眠场景。本来晚上身体分泌褪黑激素并逐渐增加，以帮助人们入睡，但如果睡前看手机，手机发出的光会透过视网膜向大脑发出抑制褪黑激素分泌的信号，降低褪黑激素的分泌量，我们就会更加难以入睡。在床上玩手机，越玩越清醒的原因，正是如此。

运动属于________

第一象限，既重要又紧急

第二象限，重要但不紧急

第三象限，不重要不紧急

第四象限，不重要但紧急

运动也是重要不紧急的事。

加拿大麦克马斯特大学的研究表明，10 分钟运动中，只要有 60 秒高强度锻炼就足够提高胰岛素敏感度，增进心肺健康。他们将若干名不经常运动的男子分成两组，分别接受 3 个月的训练，一组是间歇式训练，每次时间很短，而另一组是高强度持续训练，虽然两组在训练量上有近 5 倍的差距，但结果相差微乎其微，可见有效锻炼是可以在几分钟内实现的。

运动，不是非要穿上运动鞋去跑马拉松，也不是非要到健身房完成，小小的运动习惯就可以给我们的身体注入能量。比如在工作或陪孩子的间隙，我们先做迷你运动。人有两个身体部位一定要转，一个是脖子，一个是眼球。请每工作半小时，顺时针转动脖子 10 圈，逆时针转动脖子 10 圈。转动眼球时，要做到三个 20，对着电脑或手机屏幕 20 分钟后，就要休息 20 秒，转动眼球 20 圈，顺时针 10 圈，逆时针 10 圈。

吃饭属于________

第一象限，既重要又紧急

第二象限，重要但不紧急

第三象限，不重要不紧急

第四象限，不重要但紧急

一位爱出差的爸爸在家庭时间管理课上语重心长地说，吃饭最重要。长期在饭桌上谈事，让他总也无法专心吃饭，胃肠功能严重紊乱。吃饭也是重要不紧急的事，合理的膳食是能量的来源，不拘小节地吃饭，会引起胃肠罢工，最终会让我们花更多的时间投入到健康中。

放松也是重要不紧急的事。在通勤的路上，不一定非要全程不间歇地看手机了解信息。5 分钟闭目养神，可以换来清醒的大脑，足够支持好几个小时的高效。身体是生命的载体，需要我们悉心维护。当一个好父母，关键在于找到释放压力的方法。

如果感觉累了，就是累了，这是身体发出的信号，回归平静，不再折腾。

累的本质，不是因为没有时间休息，而是没有能量休息。

所有教育的基础都是我们是不是有能量去做到，看到了太多先进的教育理念，但如果累得没有力气去做，再好的方法也于事无补。在这个意义上，吃一顿美味的大餐也是践行时间管理，休息、睡觉、听孩子说“妈妈我爱你”也是践行时间管理。

管理能量，而非时间。

先心情，后事情

“刚成为妈妈前三个月，突然某一晚踹醒身边熟睡的爱人，无厘头地问他一些他不知道怎么回答的问题：‘人为什么要结婚？难道女人就是要生孩子的吗？’”

在产后抑郁的深夜里发疯痛哭逝去的青春，在清冷的凌晨抱着不知为何狂哭的孩子，在和爱人因为孩子爆发剧烈冲突的瞬间，为人父母的情绪如同六月的天，阴晴不定。同样面对孩子的歇斯底里、乱发脾气，大人的不同情绪，结果会有什么不同呢？

场景一：3 岁的孩子与爸爸一起逛动物园，因为一件小事，孩子开始哭。一开始能耐心劝慰孩子，随着围观的人越来越多，爸爸在众目睽睽之下，一怒之下脱口而出：“你再哭，我不要你了！”愤然转身。孩子一边小跑追着爸爸，一边哭得更凶了。

场景二：3 岁的孩子歇斯底里地躺在商场的地上打滚儿，平静的妈妈迅速把他抱到角落里，默默看着孩子哭了一会儿，慢慢地，孩子在角落中平静下来。

场景一花的时间更长，还是场景二花的时间更长？

毋庸置疑是场景一。

我们总想快速解决问题，不必浪费时间在情绪上，但越想搞定事情，情绪就越像橡皮糖般紧紧粘着事。

大脑的前额叶皮质掌管情绪，宛如大脑中的总司令，在生气和发火的时候，前额叶皮质不再工作了。当前额叶不工作的时候，大脑的另一个部分——杏仁核开始工作，杏仁核因形状酷似杏仁而得名，它是边缘系统的一部分，负责产生人基本生存的情绪，如恐惧和愤怒。人成长过程中，这些恐惧和愤怒都累积在杏仁核中，一旦遇到导火索，就会触发它，让大脑前额叶皮质的理性功能瘫痪。《情商》的作者丹尼尔·戈尔曼做了一个形象的比喻——被恐惧或愤怒充满的杏仁核绑架。“我一听某句话就忍不住发火。”“一看到那个场景，我就气不打一处来。”杏仁核长达 18 分钟的绑架，激起的神经内分泌作用可以持续 4 小时。

一次发脾气，杏仁核的绑架要有 18 分钟，场景二的妈妈看到了这段时间，给孩子和自己一点时间，让情绪的暴风雨呼啸而过，没有压制这场情绪。如果压抑想发火的情绪，就会不断激起杏仁核的恐惧和愤怒，那么就会有第二次杏仁核的绑架，甚至第三次、第四次。

“你的感受是？”这成了家庭时间管理课最难回答的一个问题。

“不想理他。”我们习惯了用想法来替代感受，而太忽略感受。为什么场景一的爸爸会否定和逃避孩子的负面感受呢？是因为大人自己也不知道如何面对自己的感受，因为小时候并没有学习过情绪管理。

回忆小时候，父母曾教给你如何面对以下哪些感受？请在父母教给你的感受后面画上“√”，没有教的画“×”，不确定的画“？”。

羞耻 ________

兴奋 ________

生气 ________

悲伤 ________

高兴 ________

失望 ________

接下来，请大家写下 20 种感受或情绪。

____

____

____

____

惊讶至极，一口气根本无法写下 20 种感受。作为大人的我们尚且都没有完整学习过所有的情绪，更何况小孩！

女儿 1 岁的时候，我把一张情绪脸谱贴在和她视线齐平的墙上，她每天会在上面指指点点，每当指到一个情绪表情的时候，她都特别好奇，想知道这是什么感受。这样坚持了 1 年多，直到她 2 岁半。一天早上，不知道什么原因，她开始大哭。我有点纳闷，不知发生了什么。“你怎么了？”她只哭，不理我。就这样哭了好一会儿，她说了让我震惊的一句话：“我不要愤怒，我要平静！”说完，她若无其事地拿起碗筷，开始吃饭了。

先心情，再事情，孩子如此，大人亦然。

美国心理学家艾伯特·赫拉别恩认为，信息交流效果 =7% 的语言 +38% 的语调语速 +55% 的表情和动作，即语言、语调、动作所占的比例，分别为 7%、38%和 55%，人与人之间更有影响力的不是语言，而是非语言信息。我们说了什么不重要，更重要的在于我们以什么样的状态说。明明我们对孩子的行为很恼火，但是又不得不挤出笑容来用言语安慰，那孩子收获的是安慰，还是恼火呢？

有妈妈问，如果让孩子知道我们这些负面情绪，那多么糟糕！会不会影响孩子幼小的心灵呢？

如果强压怒火，孩子看到你生气的表情和压住怒火的语言混合在一起会更困惑，因而要诚实向孩子表达真实的感受，避免孩子矛盾。和孩子沟通，其实不是在语言上做做样子，而是要在状态上和孩子在同一频道。就算我忍着怒火去劝孩子，孩子也会识破我 7% 看似友善的语言下的 93%的不耐烦。

“如果已经生气了，还要不要过去和孩子讲道理？”

不要，我们要退回来休息，焕然一新后，再和孩子互动。

被杏仁核绑架的 18 分钟，我们还要不要非逼自己给孩子讲绘本？如果强迫自己马上去做，就像场景一的爸爸会花更多的时间在冲突、吵架、发脾气上。

让自己冷静下来，时间四象限中的重要不紧急的第二象限，需要预留时间。让自己冷静下来的 18 分钟，好过和孩子爆发长达几小时的冲突。时间管理是情绪管理，有四个步骤。

第一步，孩子有情绪，先别急着脱口而出“别哭了”或“别闹了”，放下想制止孩子哭的语言和行为。

第二步，评估自己的体力指数和心情指数，是否可以冷静陪伴。

第三步，如果评估指数低，就邀请另一位家庭成员过来帮忙，如没有其他家庭成员在场，坦诚地告诉孩子，自己需要冷静一下。

第四步，如果评估指数高，就用肢体语言和感受与孩子对话，如温柔地搂着孩子，告诉他：“妈妈知道你难过。”暂且忍住探寻哭泣原因的理性对话，如：“玩具坏了？哭什么？爸爸再给你买一个！”

你有没有试过只是默默陪孩子哭那么一段时间？不着急制止，也不担心其他人的目光，就是那么轻轻抱着他，抚摸着他的后背，用最平静的心情？我们不能因为自己的恐惧，而剥夺孩子哭的权利，也不能因为道德标准，而剥夺自己难过的权利。

情绪就像 3 岁的小孩，一旦被看见就立即转化。让情绪来吧，不抵抗，不谄媚，和情绪在一起，让我们更有力量。

世界上最不能背叛的是什么？

感受。

人的感受是有意义的。它是价值观的警报，是行为的线索，更是潜意识的通行证。教育的底线也不能背叛一个人的感受。告诉别人我们的感受，永远是我们解决问题的第一步。在我们着急解决孩子的问题之前，我们要先问问自己内心的感受。

扪心自问，孩子打碎了牛奶瓶，我们心情的好坏，会对孩子们产生不同的影响。如果我们能量低情绪差，孩子也不会好过，俗称撞枪口。

那么我们心情不好的时候，如何做？

堵车让下班的你很心烦，担心不能准时陪孩子入睡。把心烦进行拆解，30% 是因为大城市堵车的怒气，50% 是见不到孩子的懊恼，剩下 20% 是对上班路途远的抱怨。我们用语言和分析的比例拆解情绪后，感觉就轻松多了；我们看见情绪的时候，情绪就被化解了。

先心情，后事情，谁说时间管理不是另一种形式的情绪管理呢？不管是对大人，还是对孩子。

主动妈妈 PK 被动妈妈

“我要不要生二胎，周围很多人都有了，我心里痒痒，但迟迟下不了决心，怎么办？”

我没有直接回答这个问题，而是追问了一个看似不相关的问题：“你一天中有多少时间是被动时间？”

什么是被动时间？

被动时间，是我们不能主动掌控的时间，是被其他人牵着鼻子走的时间，比如通勤的路上、和客户约好要开会、被领导找去谈话、排队、孩子非要拉着你陪他、不得不跟另一半吵架、做不喜欢的工作、见不太想见的朋友、累到不行才去睡觉。

爸爸妈妈们在白纸上写写画画，回答我：“算下来，差不多有十几个小时！”

十几个小时，如此高的比例，让我们总有一种被别人牵着鼻子走的别扭。一天 24 小时内，我们的被动时间占比越大，我们的掌控感就越低，我们会越焦虑。“多少次说过要早睡，但陪了一天孩子，到了午夜 12 点还不想睡，总是觉得没有娱乐够。好像不娱乐一下，这一天就白过了。”这就是受被动时间压迫而晚上不想睡。没有勇气开始一天，也没有勇气结束一天，证明这是被动的一天，累积下来，就是被动的一生。

在心中不能自主，意味着你生活在被动中。

如果不预留时间做最重要的事，做其他事时会心里不安：“孩子会不会想妈妈？”“我是不是一个好妈妈？”“工作和家庭究竟如何平衡？”心猿意马，无法高效工作。同时，没有高质量陪伴的孩子自然就会黏人、脾气大，以不听话的方式来争夺你的时间，于是你既做不好工作，也陪不好孩子。

把时间不够的责任推卸给别人简单，但只有一个人能决定你如何支配时间，那就是你自己！

问问你自己：“我喜欢做什么？我有更多时间的话会做什么？读一本书，还是做瑜伽？”

如果你知道有了更多的时间去做什么，那么马上你就会开始削减其他的时间负担。

这就是主动时间，主动时间是经过规划的时间。**在时间的四象限中，突破口是第二象限，只有经过规划，我们才知道什么是紧急，什么是重要，该怎样给待办事宜排序。**

你是主动休息还是累到不行再被迫休息，这就是主动时间和被动时间的差别。如果你没有把时间预留给自己，你就会崩盘，你的时间就都是被动的，从被动休息到被动发脾气，你没有办法拿回主动的时间。我们的被动时间占比越高，我们越会不开心，同样是休息，累倒了再休息和主动休息截然不同。规划主动时间，就是让你生命中的主动时间比例增加。比如，主动拨出电话、发起主持会议、敲老板办公室的门、约另一半看电影、做自己热爱的工作、见相谈甚欢的好友、在洗澡的时候想工作的创意、陪孩子看自己也喜欢的绘本、在陪孩子之前先休息好再去，等等，这些是主动时间。

主动时间越多的妈妈，当主动规划的时候，生活一下子变得可掌控，也幸福得多。

主动时间更容易产生心流，找到满足感。在心流状态中，会忘记时间。中国文化里叫“忘我胜仙佛”。

你上一次休息是________

A. 规划主动休息的时间

B. 太累了，被动休息

如果你选 B，请争取在下一次休息时选择 A。从休息、娱乐、睡觉、陪孩子这些小事入手，先规划，再行动。

你是被动有孩子还是主动生孩子，这也决定了我们有孩子之后的幸福指数。

孩子为谁而生?

决定要一个孩子本应该属于夫妻共同决策的家庭问题，却变成了逢年过节七大姑八大姨餐桌必选话题，好像要一个孩子成了所有人的事，过去事关香火，现在事关面子和孝顺。

“快三十了，再不要身体就不行了。”

“你看你表妹，孩子都能打酱油了。”

“你看我身体不好，再不生，我就帮你看不了了。”

“我们本来挺喜欢孩子，越催促，我就越不想生，我不想连生孩子这件事情都受他们的摆布！”

在亲情和道义的炙烤下，我们也不希望孩子——这么神圣的生命成为迎合别人的工具，越催促，越逆反，再成熟的成人也会因为无休止的催促和命令而心生叛逆。生孩子的日程表一推再推，内在动力不足，而外在压力太大，内忧外患，找不到释放压力的出口，自然就会能拖则拖，能逃就逃。

孩子到底为谁而生？是爱这个男人，委曲求全为他而生？还是“报效”父母，为他们晚年不无聊而生？还是因为我想成为一个妈妈，我想养育一个孩子?

为什么我们害怕当妈妈？是第一次当妈妈对未知的恐惧，对童年不开心经历的恐惧，对陌生育儿领域的恐惧，对改变生活状态的恐惧，还是对不被认可为“好妈妈”的恐惧?

如果说决定生一个孩子是一件让第一责任人已经很恐惧的事，那么决定生第二个孩子的恐惧指数只会飙升，不会下降。初生牛犊不怕虎，生第一个的懵懵懂懂才刚刚过去，第二个孩子的来临，如同我们第二次去拔牙，非常清楚哪一个钳子是拔的，哪一个镊子是撬的，在上一次的拔牙之痛后，我们会选择忘记疼痛再拔一次，还是选择铭记疼痛誓死不再拔？

生老二的目的是什么？是为了满足妈妈有两个孩子的梦想？是为了给孩子找一个伴儿？抑或是满足其他家庭成员的诉求？如果说生二胎的风险我们可以无限列举下去，如经济成本增加、体力不够、精力变少、生活质量下降、家庭矛盾增加，等等，但是我们经常忘记一条经典的投资学规律：风险和收益成正比，风险越大，收益越大。虽然增加了成本，但我们拥有了两个生命。

如果生孩子是为了别人，那后面有孩子的生活再幸福也不觉得幸福。如果是为了自己，虽然有令人望而生畏的困难，但也能在一团乱麻里找到那个幸福的瞬间。

谁说家庭的总资源一直是恒定的？生第二个孩子一定是成本增加、变得更累吗？也许第二个生命的降生，会给家庭带来更多新的资源和能量。第二个孩子的出生会调动爸爸的积极性。爸爸工作会更努力，会变压力为动力，有更多的家庭收入。或许，第二个孩子的出生会使第一个孩子突破过度保护的牢笼，有更多生活独立、心理独立、精神独立的可能性。第二个孩子的出生会给妈妈更多心理成长的可能性，让妈妈更加意识到时间管理的重要性，勇敢恳请家庭成员帮忙，预留更多时间给自己。

你想当被动妈妈还是主动妈妈？

大家脱口而出："当然是主动妈妈。"我们需要更多的主动时间，我们需要规划，10 分钟规划等于 24 小时执行，同时也找回了对时间的掌控。

主动规划二胎生活的七个妙招

第一个妙招：向老大预告，老二即将诞生。

如何预告？这是一个不太容易告诉不到 2 岁小朋友的事实。心理学认为，物理占位决定心理占位。女儿最喜欢玩偶小黄人，于是我买了两个一模一样的小黄人，告诉她，一个是米米，一个是来来。用物理意义上的玩具这样轻松的方式告诉不到 2 岁的女儿，她即将拥有一个弟弟。我们把两个小黄人放在家里最显眼的书架上，女儿指着架子上的两个小黄人，喃喃自语道："这个是米米，那个是来来。"就这样，用女儿最喜欢的玩偶告诉她，家中即将迎来一个小弟弟。

第二个妙招：让老大参与到迎接老二的全部过程中。

陶行知先生曾说"你若以为小孩小，便比小孩还要小"，对待孩子要如同对待成年人一样，不欺骗他们的情感或轻视他们的智商，让孩子参与到迎接老二的全部过程中。我不隐瞒更不避讳地带着老大一起做产检，向这个小生命全部展现所有事实。

我所在的妇产医院的 B 超室设计很用心，墙壁上挂着清晰的大屏幕，可以看到 B 超图上的新生命，也允许全家人一起看到神奇的生命。虽然是第二次当妈妈，但是第一次在 B 超图上看到新生命，我还是抑制不住地兴奋。

"妈妈，小来在游泳！"女儿也兴奋地说。我很惊讶，因为并没有人告诉她屏幕上的胎儿在做什么，她用她强大的生命潜力告诉我，她什么都明白。

从那之后，女儿睡前有一个仪式——贴到我的肚子上听弟弟游泳的声音，她满脸期待、兴奋的表情，让我提前看到了姐弟情深的画面。这让我很安心。

第三个妙招：切忌因为老二批评老大。

到孕晚期，因为身体笨重，不能再抱女儿，2 岁多的她不解地问："为什么呀？"姥姥心疼我，赶忙打圆场说："妈妈有小来来，不能……"我跟姥姥使了一个眼色，赶忙说："对不起，宝贝，妈妈不能抱你！"

省略掉"因为弟弟不能抱你"，是不想把这样的心理负担过多加在孩子身上，不想在老二出生之前就树立"阶级矛盾"。

为此，我们全家专门召开了一场盛大的家庭会议，统一决定不用弟弟的理由来批评姐姐，不用任何比较姐弟的评价，比如"因为妈妈怀弟弟，不能抱你""因为弟弟在睡觉，你不能跳舞""弟弟比你乖"等。

规则就是规则，不是因为弟弟才对你有了规则，不是因为偏袒才开始有规则，不是不爱了或少爱了才有规则。

如果我们不希望手足互相伤害，就不能在两个孩子之间互相比较，更不能因为一个而批评另外一个。生二胎后手足打架，多半是因为成人不公正对待而导致的，如同我们拿前男友比现男友一样让对方难以接受。

第四个妙招：一切二胎弯路都有意义。

生二胎之前听说过二胎生产过程比较快，但没有想到那么快。虽然有过生孩子的经验，但是当假性宫缩来临的时候，还是跑了两次医院。由于宫缩强度不够，被退回来，郁闷的我和爱人老是凌晨去医院，然后无功而返。但是，等那一天真的来临的时候，发现之前两次弯路是有意义的。

凌晨 1 点半感觉肚子疼痛，忍耐到凌晨 2 点半，穿戴整齐开车去医院。路上虽然只有半小时，但是疼痛让我觉得异常漫长，看着爱人紧张开车的样子，我用瑜伽的呼吸方式，一改第一次生产时大哭小叫筋疲力尽的窘态。经过专业指导的呼吸法，会使待产过程的忍耐力有极大提升。

到达医院时是凌晨 3 点。虽听说二胎产程快，但没想到到医院的时候已经开了5指，医生内检后，整层楼的护士都过来帮忙，换衣服、打吊瓶、安胎心监护仪等。我被推入产房的时候，已经开了9指，中间若不是因为腿抽筋，估计还要更快。凌晨4点，来来出生。

要不是之前两次经历，我不会知道医院楼下在修路，我不会知道真正宫缩强度是那么快，可能会耽误本就宝贵的时间，所以一切弯路，都是有意义的！

第五个妙招：巧用娃娃转移嫉妒心理。

带老二出院回家，我也在思考，怎么让老大更容易适应有弟弟在家和她“抢”妈妈的新生活？

在出院带老二回家的当天，我郑重送了女儿一个可爱的娃娃。当我帮弟弟整理尿不湿的时候，女儿也会拿起她的娃娃有模有样地学起来，在我喂奶的时候，她也会学着把娃娃的奶瓶拿起来模仿。这样，模仿妈妈照顾娃娃的游戏一定程度上转移了姐姐嫉妒弟弟的情绪。我们不能指望年幼的老大没有任何嫉妒情绪，但至少有照顾娃娃的工作，可以让老大有更多的情感安慰和成就感。

第六个妙招：二胎，请来双份。

如果有客人来看望刚出生的老二，一定要提醒对方也带一份小礼物给老大。如果客人忘记带了，我们会拿出家里准备的一些小礼物，客人给老二礼物的时候，也要同时给老大一份礼物。如果客人很热情地围观刚出生的小宝宝，我们也要礼貌地带着老大和客人们打招呼：“你好，这是我们家的老大——小米！”

每一次买东西，都来双份，爱没有偏袒，更多不是靠我们反复和孩子说，而是依赖于爸爸妈妈做好每一次不足为奇的小事。

第七个妙招：带老大看老照片和视频。

如果老大有模仿小宝宝的行为，一定是出于好奇，而非捣乱。老大并非存心想捣乱，而是忘记了他当年作为小宝宝的特权。如果能翻出老大小时候的照片和视频，让他亲眼见到，原来当年的自己也曾经被如此抱在怀中，如此亲密地喝过妈妈的奶，如此被爸爸视为珍宝地举在空中，要比我们不耐烦、气急败坏、唉声叹气更容易让老大明白，我们多么爱他。

生二胎就算准备再充分，我们也必须面对这样一个事实——养育两个孩子肯定要比一个孩子付出更多的辛苦，它见证了我从一个 150 斤的一胎胖妈妈到一个 110 斤的二胎妈妈。但如果再让我选择一次，我还是会选择拥有二胎的生活，因为我无法想象没有他的憨态可掬、呆萌笑容、古灵精怪的生活，我们全家的生活会是什么样子。

我翻出了当年刚生完二胎写给老大的一封信，与大家分享。

> 亲爱的小米姐姐：
>
> 妈妈小时候是如此孤单地长大，我作为小女孩的时候多希望有一个兄弟姐妹，于是妈妈幸运地拥有了你们。作为姐姐的你承担了照顾弟弟的工作，分享爸爸妈妈给予你的精力和时间。当你因为夺走弟弟的玩具而调皮地跑开的时候，妈妈知道你只是想引起妈妈的注意，当你亲吻弟弟脚丫的时候，妈妈知道你本是如此喜欢你的手足。
>
> 需要改变的是我和爸爸，需要我和爸爸经常表达对你的爱，需要我和爸爸多抱抱其实也不是很大的你，需要我和爸爸向对朋友说话那样对你耐心说话，告诉你前因后果，解释作为婴儿的弟弟不会说话，手的控制能力不强，手舞足蹈。需要我和爸爸偶尔放下不会走路的弟

弟，蹲下来也抱抱你，跟你说说话。需要妈妈放下正在吃奶的弟弟，听听你焦急的呼喊背后的恐惧是什么。谢谢你来做妈妈的宝贝，来做弟弟的姐姐，来做爸爸妈妈的小帮手。

永远爱你的妈妈

世界上，只有一种爱是以分离为目的的爱，那就是父母对子女的爱。如果父母的目光远送的是两个小人儿的背影，在那隐隐的失落中，会不会多一些手足相伴的宽心呢？世间本有手足情，何堪独子了一生！

第五章

授权拯救疲惫的你

人生的麻烦有一半是太快说“是”、太慢说“不”造成的。

——[美]乔希·比林斯

别让猴子跳回背上

美国喜剧演员安妮塔·兰弗洛创作了《妈妈之歌》，把自己在生活中与三个孩子的互动形象地演绎了出来。这个视频从 2012 年 6 月 25 日上传后风靡网络。歌词是："起床！起床！快起来！去洗脸！去刷牙！记得梳头！这是你的衣服，你的鞋子，你有没有在听我说话啊？……"她将天下妈妈经典的唠叨配上意大利作曲家罗西尼的《威廉退尔序曲》，唱出了妈妈们事无巨细管教的无奈。

后来，应网友强烈要求，她又写了《爸爸之歌》，歌词里面通篇都是这样一句话："去找你妈，去找你妈……"虽是让人捧腹的笑话，但本质上，却戳中了家庭的要害。本应该分担责任的爸爸们，也会被迫或主动用一句"去找你妈"巧妙地将任务转移走。

一位妈妈在家庭时间管理课上分享了她在公共场合看到的经典场景："让你好好看孩子，反应那么慢，孩子摔了你没看到呀？"一边抱起孩子，一边狠狠瞪了一眼手足无措的爸爸。

在公共场所听到夫妻吵架最频繁的由头莫过于这一句："你怎么看孩子的？"被这样责备的爸爸，耷拉着脑袋，懊恼地沉默，之后，心里暗暗发誓下一次能不看就不看了。有时候，并不是爸爸不想帮忙，而是怕挨说，索性不帮了。甚至，爸爸也被踢下了颇具象征意义的床，睡在了客厅。妈妈以爱的名义，不忍心孩子吵醒工作繁忙、很晚才能休息的老公，抑或是不忍心打鼾的老公吵醒熟睡的孩子，或怕睡得很死的他压到孩子。可物理位置决定了心理位置，妈妈们打着爱孩子的旗号，把家中男人的地位公然拉下，让爸爸被动下岗，自己成了守门员的妈妈，自然很累。

“我妈呢”和“去找你妈”成了孩子和男人信手拈来的话术。说者轻松，听者会觉得沉重得如同两座大山，被压得透不过气。

妈妈俨然成为家庭中的万能词，随时等候召唤。最让我们害怕的是，有一个美貌无比的道德枷锁，藏在妈妈这个词的背后。妈妈必须事必躬亲、完美无比。妈妈成了完美的神话，而与此同时，爸爸呢？

时间管理课上有一个形象的比喻，如果把下一件要完成的任务比喻为一只猴子，那么堆积如山的未完成的事就如同若干只猴子爬上了你的后背，除了妈妈本身的工作和妈妈这个角色外，加上不放心爸爸，还需要背上更多的猴子。

好奇中国式妈妈的背上，到底有多少只猴子，到底替爸爸背了多少只猴子。

别让猴子跳回你的背上

这是大家一起头脑风暴的每日必做事项的清单：叫他起床、给他穿衣服、给他准备早饭、送孩子上学、上班赚钱、接他放学、带他去兴趣班、家庭采购、陪他玩、陪他刷牙洗脸、给他讲故事、哄睡、等他睡了洗衣服、上下班挤车堵车的碎片时间还不忘记读书上网看育儿知识、去听讲座、上家长课、偶尔深夜忏悔哪里做得不好。还不算对孩子爸、老人、保姆、学校及兴趣班老师苦口婆心的叮嘱，也不算为孩子学习制作辅食、弹琴、用英文讲绘本、选择幼儿园小学初中高中、选择兴趣班和学区房。

我们像一直高速运转的陀螺，从未停下来认真计算过超人妈妈背上的猴子到底有多少只。背上 1 只猴子上蹿下跳，我们能够应对，但 100 只猴子同时上身的狰狞撕扯，怎么让我们优雅从容地做一个别人和自己理想中的完美妈妈？

不只在家庭里，在工作中更是这样。同事说："这个怎么办？"如果你总是说："让我想想再回复你！"猴子背在了你的身上。给下属布置完工作，我们习惯补上一句："小张，有问题随时来找我。"虽然貌似布置了工作，但是猴子还是背在你的身上。明明是下属的工作，但你忍不住提了方案，结果下属来讨论，猴子还是背在你的身上。

由于我们不放心，当下属、同事、领导把事情交给我们的时候，通常是，我们不仅背了自己的猴子，还背了别人的猴子。

在工作中，有三类让我们背猴子的典型表述。

1. 让我想想再回复你。

2. 有问题随时找我。

3. 只有我们自己想方案，别人来讨论。

以此类推，我们在家庭中背猴子的典型表述为：

1. 让妈妈想想再回复你。

2. 有问题随时找妈妈。

3. 妈妈想方案，爸爸“指手画脚”。

你经常背的猴子是哪一种？

选择 1 和 2，我们经常替孩子背猴子，选择 3，我们经常替孩子爸爸背猴子。

不管是替孩子还是替爱人背猴子，当猴子越来越多的时候，我们会有什么感觉？从骨头缝里蔓延的疲劳，效率不高，脾气很大，就像一个跑得很快的人在卫生间摔倒，浑身上下都是让人望而却步的臭味。自己气急败坏，又找不到解决的源头。怎么办？

赶紧让猴子下来——授权。授权？这不是只能由领导做的事，我在家不是领导，在工作的地方不是领导，我授权给谁？谁都比我大。那我们看看都能授权给谁。

授权不卸责，信任在传递

彼得 · 德鲁克的《卓有成效的管理者》一书中说，如果认为所谓的授权就是“我的”工作交由别人来做，那就错了，因为你既拿了薪水，就该做你自己的工作。对授权这个名词的正确理解应是，把可由别人做的事情交付给别人，自己做真正应由自己做的事情。

我们都知道授权的道理，但在家里授权比在工作中更难，为什么？

美国心理学家保罗 · 瓦兹拉威克讲过这样一个故事。有一个人想挂一张画，他有钉子，但没有锤子。邻居有锤子，于是他决定到邻居那儿去借锤子。就在这时候，他起了疑心：要是邻居不愿意把锤子借给我，那怎么办？昨天他对我只是漫不经心地打招呼，当时他匆匆忙忙，也许这种匆忙是他装出来的，其实他内心对我是非常不满的。因为什么事不满呢？我又没有做对不起他的事，是他自己在多心罢了。要是有人向我借工具，我立刻就借给他。而他为什么会不借呢？他怎么能拒绝帮别人这么点忙呢？而他还以为我依赖他，仅仅因为他有一把锤子！我受够了。于是他迅速跑过去，按响门铃。邻居开门了，还没来得及说声“早安”，这个人就冲着他喊道：“留着你该死的锤子，你这个浑蛋！”

我们又何尝不是借锤子的人呢？还没有开口让爸爸帮忙，我们就先入为主地有了太多的刻板印象，比如孩子爸爸一定不会做，做了也一定做不好，能做好也不一定愿意做。所以一张口就向一个想极力做好、也许还笨手笨脚的爸爸，无厘头地冒出那句话。

爸爸们华丽转身比我们想象得要快，从一个“弄不清尿不湿的正反、搞不清楚抱孩子的姿势”的爸爸成长为一个“独立哄睡老二、单独带老大出去玩一天”的超级奶爸，妈妈最先需要打破的就是自己的刻板印象。怕对方做不好，抑或怕自己不是好妈妈。好像觉得爸爸做得多，就是好，做得少，就是不好，在推脱责任。

那么怎样授权而不卸责？

把授权分等级，依据对方能力和潜力而授予不同级别的权力，既可以传递信任，又可以不推卸责任。

《别让猴子跳回背上》的作者威廉·安肯三世把待授权的事情分为五个等级：

1. 等待指示

2. 请示要做什么

3. 提建议，按指示结果行动

4. 行动，但需请示，报告频率超过例行报告程度

5. 独立行动，例行报告

想想以下三种表述方式，分别属于何种授权等级？

________让我想想再回复你

________有问题随时找我

________自己提方案，别人讨论／指手画脚

再来想想，你给爱人的是哪一个授权等级？

大家惊讶地发现，我们在育儿上给孩子爸爸的授权等级大多数停留在1和2，而爸爸在这样的授权等级下也丝毫感觉不到我们在育儿上对爸爸的信任，爸爸自然也无法从信任中获得成就感，激励自己进一步育儿，这一问题大多是妈妈的授权等级太低造成的。

那么如何更好地给爸爸授权，进入到第三个授权等级以上，慢慢练习到第五个等级，即独立行动，可以提前约定时间、约定原则？让爸爸自己单独带孩子，妈妈回来再带，岂不美哉？

授权，授的是权，传递的是信任。

授权拯救疲惫的你

而有时候，妈妈也要开口请爸爸帮忙。妈妈看到爸爸的优势之后，要放下对爸爸读懂你心思的幻想，如果我们需要他什么样的帮助，请直接告诉他。如果我们不直接告诉家人，他们一定不知道我们需要帮助。而不直接说出来的后果，可能就会是憋着一股莫名的火，迟早要将其发泄到浑然不知的家人身上。而家人也会留下说不清道不明的委屈。妈妈可以通过鼓励的方式，明确告诉家庭成员他们的潜力。而直接说出我们需要他们的帮助，也是给家人的归属感和价值感一个释放的出口，家庭中又有谁愿意袖手旁观？

除了授权给人以外，还可以授权给什么呢？

我们授权的除了人，还有外部资源、设备、标准、培训。

如果一句话我们跟对方重复说了三遍，一件事重复叮嘱了三遍，那么我就可以拉着对方坐下来，一起制订日常惯例表，它就可以被授权。事不过三，任何一件事情如果我们需要重复做三遍，我们都可以将它授权给流程和标准。

妈妈的真正角色不是累得气喘吁吁的女仆，而是指挥 100 只猴子有序跑到别人背上的领导者。

练习 1：

今天不用我做，爸爸可以做的事情。

____

____

____

____

____

____

____

练习 2：

本周你想尝试把什么事授权给以下对象？

下属________

同级________

上级领导________

外部资源________

设备________

标准________

培训________

虎妈猫爸如何授权给孩子？

世界上有两种替孩子背猴子的爸爸妈妈，一类是威严强势的虎妈，一类是于心不忍的猫爸。虎妈和猫爸，虽然策略不同，但都以不同的方式不放心授权。

猫爸们坚信“人生苦短，何必管”，“能妥协的事情妥协，不能妥协的事情也会想办法妥协”，只要孩子快乐就好，最好别让他们经历太多的困难和挫折。时间久了，一番照顾孩子感受的好意，让爸妈们变成了孩子操控的舞台剧的提线木偶。小家伙根本不领情，学会了用公众场合耍赖、早上磨蹭、讨好另一方等方式来控制大人。

虎妈们，又容易以爱之名走向另一个极端：“我是你妈，你就得听我的！”像直升机一样盘旋在孩子上方，监控孩子的一举一动。

对于惩罚，古今中外还有许多对其积极意义的探讨。但有的父母基于怜悯的溺爱，几乎所有的教育理论都不推崇。虽然孩子的一时情绪可以安抚，但会付出巨大的代价，如“不守规则”“不能自律”“不负责任”“不能独立”。当局者迷，旁观者清，我们总是能看到别人是如何溺爱孩子的，唯独看不到自己对孩子的娇惯。即使看到了，也不愿意承认。

而我几乎很少承认“我的溺爱”，在最初为人母的一段时间，我会理直气壮地说，我对孩子并无过高的要求，只是希望孩子快乐。然而越希望孩子只要快乐就好，好像孩子越难快乐。

1. 怕孩子受伤害

伤害零容忍——“宝宝磕在桌子上，老爸打桌子给你报仇。”

唯孩子中心——“孩子睡觉咱不能吵架，要吵？微信打字。”

2. 怕孩子被拒绝

金钱表达爱——“孩子要买啥，我就给买啥，老爸赚钱就是给你花。”

投射愧疚——“工作忙，陪孩子太少，孩子要啥我就从了吧。”

3. 怕孩子被忽略

过度补偿——“我童年的缺憾都要给孩子补回来。”

自我牺牲——“别让孩子受苦，哪怕我再委屈，也要成全他。”

美国儿童心理学家鲁道夫·德鲁克森说，不要替孩子做任何他力所能及的事。为人父母的我们容易把太多本不属于我们的猴子都背在身上，回想那些替孩子代劳的事情，几乎都是可以由孩子自己完成的。如：对于一个 4 岁的孩子来说，他是否能够独立穿鞋呢？但因为着急出门或者是效率的原因，自己就帮他做了。惯孩子的妈妈疲惫不堪，正是因为替孩子背了太多只猴子。

我们的孩子如何知道自己是重要的呢？如何找到价值感？是通过看我们替他们背猴子，还是通过他们自己来背上猴子？

一定是后者。

大人替孩子背猴子的经典借口，就是孩子太小，还不懂。真的是这样吗？

17 世纪英国哲学家约翰 · 洛克认为人的心灵在最开始就是一张白板。婴儿真的是一张白板吗？为人父母的经验告诉我们，婴儿远不是一张白板。

《宝宝也是哲学家》的作者、美国心理学家艾莉森 · 高普尼克认为，孩子很早就懂得揣摩别人的心思，并根据对方的回应发展出“内在运作模式”。他们有自己的“科学理论”，只是我们不知道而已。她认为：“孩子是人类这个物种的研发部门，也就是提出前瞻性想法，而成人只是制造和销售部门。孩子提出发现，而成人负责落实这些创见。他们想出百万个新点子，绝大多数毫无用处，我们则负责将其中三四个好点子实现。”

陶行知说，教育不能创造什么，但它能启发儿童创造力以从事创造工作，而这种创造，会给孩子带来比满足生理需求更深层次的快乐。

一位妈妈在家庭时间管理课上分享自己的故事：“和女儿一样，小时候的我特别好奇做饭，而每一次仰着头望着高大的妈妈，祈求一次做饭的机会，都会听到打着‘为你好’的名义的那一句‘不可以，你太小’。拗不过我，妈妈笃定地说：‘你长大后自然就会了’。直到我长大后第一次出国，终于有机会独立占领厨房撸袖子做饭，那一刻才发现，长大后我还是不会。我缺的不是做饭的技巧，而是面对做饭这件事情的信心。为人母后，我还是很发怵做饭。在做饭这件事上，我一点原始积累都没有，自然也不愿意再做。”我们不能指望“孩子长大了自然就会”，小步尝试的醉翁之意不在酒，而在于信心。孩子通过做小事形成“大信心发动机”，才可以转动“大事”。

“3 岁儿子想要喝水，我下意识打开了水壶的盖子，一下子‘踩到’

地雷，孩子情绪突然爆发，愤怒地跺脚。”孩子想做一件事却因为没有机会做而生气，他们是如此想帮助他人。这虽然是一项要做的任务，但同时也是一份孩子自己成长的责任。

如果不授权给孩子，等孩子长大了你会发现是谁驾驶一个成年人的飞机。是那个只有几岁的内在小孩在驾驶，我们更不放心。不给孩子授权、不让孩子独立是教育的灾难，因为从来没有一夜长大的孩子。

把猴子还给孩子不是要做什么惊天地泣鬼神的事，从鼓励孩子参与家庭小事入手。布置简单的小任务鼓励孩子自由探索。与其禁锢孩子的行为，让他远离危险，不如正确地引导他分担家务。根据孩子的年龄和喜好，来为孩子分配合适的家务，孩子喜欢做事情来彰显自己的价值。

根据年龄，我们授权给孩子做的事等级不同。

0—1 岁

郑重的预告可以换来他的一点配合，而那一点配合就是我们给他们的第一个小小的权力。宝宝六七个月大的时候，如果在帮他换尿不湿时每一次都预告，过几个月，你就会发现当你再帮他换的时候，他总是努力把小屁股抬得很高，虽然小家伙动作不娴熟，但是抬起小屁股让小脸涨得红红的样子，是在告诉我他是多么能干。那种得意满足的笑，比吃奶和“被逗乐”那种简单的笑多了一层意味，那是他满足心理需求后的深层快乐：“妈妈，你看，我也能帮你的忙。”看到他的快乐，我比他还快乐。于是我开始被他引领着，让他自己做。再大一点的孩子可以把尿不湿从身上摘下来，踉踉跄跄地走到垃圾桶旁边扔掉。他在垃圾桶旁边回头朝大人露出的那种带有成就感的笑，让人难以忘怀。

1—3 岁

可以进行点对点的任务布置，如将纸团扔到垃圾桶，将拿出的玩具放回到玩具盒中，1 岁半的孩子拿纸巾给另外一个哭泣的小朋友笨拙地擦，2 岁半的孩子蹲在地上用小簸箕扫其他孩子吃完东西后的垃圾。“你能帮妈妈一个忙吗？”这是最经典的可以上手跟孩子分享的黄金话术。小人儿们开始自己收拾玩具、扔废纸到垃圾桶里、洗盘子、发筷子、运奶到柜子里、叠衣服、给自己穿衣穿鞋等，他们内心生出一种信念：我是多么有能力呀！

“如果是 1 岁的孩子打碎了玻璃杯，也让他自己收？”

“那需要他站在一个安全距离上，让孩子全程目睹成人是如何收拾碎玻璃的，这样才能让他明白原来玻璃会碎，碎玻璃是这样收拾的。”一位蒙台梭利老师这样说道。“为什么非要让他看着呢？”一位妈妈继续追问。“我们要让孩子看到闭环的整个过程：玻璃会碎——碎的东西要收，会刻在他的脑海中，通过这样的示范来建立孩子对世界规则的认知，但这里没有指责，如果添加了指责，就把孩子和错误画上了等号。孩子的注意力都放在指责带来的恐惧上，而不是学习解决问题。”让孩子参与每一件发生在他身上的事情，这个有些拗口的原则，提醒我们关注孩子错误行为背后的归属感和价值感的需要。我们会因为指责他们的错误隔离了他们的参与感，所以要让孩子看到闭环。

如果孩子可以帮忙，那么一定邀请他在力所能及的范围内帮忙。如果是无法帮忙的环节，我们也不能让孩子一走了之，需要在他的面前，展示完整的闭环。如果不让孩子看到东西碎了再收拾起来的全过程，孩子这样的经验又如何积累起来呢?

1 岁半的儿子把喝的水洒到了地上，在姐姐帮他刷洗奶瓶的时候，我突然想到孩子也需要有自己尝试做的机会。我拉着孩子的手，一起拿起擦地的抹布。“太脏了，别让他碰。”老人有点担心卫生。那一刻我没有反驳：“一会儿我再带他洗手。”第一次带着儿子弯下腰擦地，他努力摆动着手臂，居然将地上的水痕擦了近一半。剩下的一半，我轻轻搭着他的手近乎完成。小家伙情不自禁地自己拍手。大女儿教给我的是，环顾我周围的一切，有哪些猴子，是孩子们自己能背的。比如洗手这个环节，如果加上了脚凳，孩子可以自主开关水龙头。要让孩子背猴子，我们要为孩子提供一个有准备的环境。

3—6岁

在家中分担固定区域的工作，如吃饭前摆碗筷，孩子在家中也需要自己的领地来发挥自己的价值。意大利教育家蒙台梭利认为，儿童有目的、自发的活动叫作工作。这本身就是对孩子的尊重，孩子们想去做的事情不是毫无意义、随意发生的，每一件在我们看来微不足道的小事情，比如自己打开水壶的盖子、自己开门、自己拿勺子、自己选择书，都是孩子在不断印证“我是一个有能力的人吗？”“我可以帮助别人吗？”这样的个人信念和社会兴趣。

谁来负责带零食

小孩子都喜欢吃零食，每次到放学时间，女儿总是羡慕同学有零食、而苦恼妈妈没有带零食的窘况，有时候小家伙忍不住干号两声以示抗议。

每次耐心的解释都无法换来平静的接受。转念想到了我背上的一只猴子，跟女儿商量：“如果你想带零食，你可以每天装到你自己的书包里吗？这样你放学就有零食吃了。”小家伙眼睛滴溜溜一转，点点头。

这只猴子，从妈妈的背上跑到了女儿的背上，小家伙不亦乐乎装零食的快乐比吃的过程还享受。而我也享受了扔掉猴子的轻松快乐。

而妈妈的背上还有多少只替孩子背的猴子？比如挤牙膏、穿衣服、装书包、收拾玩具、带水杯、扔垃圾等，我们一顺手就都帮孩子做了，几乎都不经过大脑。有时候疲惫的我们还会因为猴子太多而抱怨，最糟糕的是，孩子根本不希望我们帮助他们背猴子。

从抢奶喝到刷奶瓶

弟弟的出生，多少对女儿有点冲击，最典型的反应莫过于在弟弟喝奶的时候，她也要蹦出来哭闹，抢着一起喝。走投无路的我，灵机一动，问她，愿不愿意给弟弟刷奶瓶？站在水龙头前面的她，握着玻璃瓶子，一点点用奶瓶刷认真刷洗，第一次的确会担心洗不干净，会打碎奶瓶，但是小家伙将干净的奶瓶放在我面前的那一刻，她的笑容是那么自信和骄傲。

一次尝试后，女儿每次都要赶着第一时间去刷奶瓶，再也没有提过和弟弟抢奶喝的事。困扰这么久的育儿难题，化解在她作为一名小帮手的任务中。

事实上，没有哪一个孩子愿意被别人这样服侍。对比孩子被我们服侍的烦躁和孩子自己做事情的自信，我们心中一定已经有答案了。

不要替孩子背任何他可以背的猴子。这与我们猜测孩子现在的能力水平无关，而与孩子对自己的信念有关。

你能帮我一个忙吗？

一天晚上，女儿情绪崩溃，被闹得头大的我不知道哪里来的勇气无意中问她："你能帮妈妈一个忙吗？"

小家伙眼睛一亮，从歇斯底里的情绪风暴中，喘了一口气，望向我。

"我需要请你帮我刷碗。"没指望她过来帮忙的我试探的一句询问，换来了她默默擦干眼泪、穿上围裙的干练与成熟。不管小家伙有多么难过、气愤，请她帮忙一下子就把她拉回到现实中。

她刷完碗，一脸平静跑去玩，只留下我愕然地站在那儿。那一刻我明白了个体心理学派创始者、奥地利精神病学家阿德勒的一个案例有多么真实：别人问他是如何 14 天快速治愈忧郁症患者的，他回答说让患者每天帮助一个人。

最容易让孩子脱离大哭大闹的情绪状态的一句话，是简单的“妈妈请你帮一个忙”。

谁来帮助妈妈洗澡？

妈妈体力透支的时候，一想到还要带女儿洗澡就头疼。

我叹了口气，女儿喜欢擦洗泡泡的样子，让我精神为之一振，试探着说：“小米，你可以帮我洗澡吗？”小家伙的眼睛亮了：“好呀！”兴奋之情溢于言表。

于是我享受了10分钟女儿给我洗澡的时光，她的小手在我的皮肤上滑过，是世界上最好的能量饮料，我迅速满血复活，而她也爱上了可以给我帮忙的感觉。从此一发不可收拾，扫地、洗奶瓶、帮我拆快递的盒子，原来她不喜欢被我服侍，她想帮我的忙。我们把孩子的猴子还给他们，并不代表这是麻烦的任务，而是孩子们的归属感和价值感的需要。

6—12岁

可以将独立环节的工作“外包”给他，比如一天中的设计旅行路线，在家负责自己房间的清理，等等。比如带孩子去一个城市旅行，和孩子一起开家庭会议，商量去哪里玩，不一定要去热门景点，但是一定要留一部分让孩子自主选择。母子共同在网上查询去哪儿玩，成了最美的回忆。在青岛坐了一天公交车去看街景，在哈尔滨坐在江边看云彩，非主流的旅行方式也许会错过有名的景点，但是孩子收获了前所未有的成就感，这不就是旅行的目的吗？

让孩子自己搭配衣服

女儿上学的前一天晚上和我约定自己挑衣服。第二天早上，她穿了一身顺色的衣服出现在我面前，好似穿了睡衣。

我一愣，下意识地说“这样不好看”，女儿说“好看”，之后就没理我。

下楼时碰到邻居，一向直爽的她下意识地说："你给孩子的这是什么搭配风格？"我有点尴尬，拉着孩子走了。

路上看着女儿蹦蹦跳跳美滋滋地走着路，我一直在想这样一个问题：究竟是邻居的评价重要，还是女儿对她个人信念的坚持更重要？如果我听了邻居的评价，立马拉着孩子回家换衣服，女儿会形成什么样的信念？她会穿着也许在一些人眼里不太美的衣服自信地走在路上吗？时光拉得再长一点，她会在成人后选择少有人走的路来追求独特的美丽和梦想吗？

为人父母最难，难在我们怎么面对压力和焦虑而又不将其传导给孩子。

让孩子自己选择学校

因为创办幼儿园的关系，几乎每一个来访家长都会问我这样一个问题："你们尊重孩子的理念很好，但是上小学了，就打回原形了。这不白浪费功夫吗？"

我们给予孩子尊重，并不是只有在幼儿园的亲子班和全日班存在，更要在家庭教育中存在。一个办幼儿园的机构会拥有一个规模比幼儿园还大的家长学校的原因，正是我们期待尊重孩子的家庭教育。

而每次被问到"你的女儿上哪所小学？"这个问题时，总有人半开玩笑地说："你们去哪所，我就去哪所。"

略有压力的我，只想陪女儿一起参观两三所幼儿园，然后由女儿自己来选择。但是，我会把女儿选择的学校让她自己画下来或写下来，并蹲下来认真看着她的眼睛告诉她："不管你选择哪一所，不管碰到什么样的事情，我们都要坚持。"

尊重也是有层级的。尊重孩子的人格和潜力远比尊重孩子一时的情绪要重要。这也是我初为人母时犯过的错误。每一次把新的难题拿走，剥夺了孩子学习的机会，是对孩子最大的不尊重。不被尊重，何谈尊重？在孩子没有感觉到尊重之前，是无法尊重别人的。

孩子的个人信念和社会意识不是从18岁后从天而降的，而是从小开始不断积累的。孩子背猴子的意愿，远比我们想的强烈。

给予孩子“有限的选择”

家长课上，一位妈妈分享了自己让孩子选择但不成功的故事。

我好奇地问她：“具体怎么做的？”

她说：“早上带孩子出门要迟到了，着急走嘛，我问他：‘再给你3分钟还是5分钟？’孩子根本不选，在地上打滚儿。”

我问：“如果老公这样在临出门前跟你说3分钟还是5分钟，你的感受如何？”

“他不敢！”

“为什么？”

“我才不听他的。”

说到这儿，她有点迟疑，想到了儿子可能和自己是一样的心境。

那是为什么呢？有限的选择不是给了孩子吗？但我们没有在时间上预告，我们没有提前约定。

另一位妈妈说到这儿，也按捺不住了。

“我女儿特喜欢挑衣服，临出门，挑了一件雨衣。不让孩子穿，孩子反倒哭得更厉害了，有限的选择也不好使。”

作为两个孩子的妈妈，这基本上是我当妈妈经常要面临的挑战。以上两种场景，其实招数上，看起来做到了有限的选择，但为什么不好使呢？原因出在选择的范围上。

做到有限的选择应该有以下几个原则：

第一个原则：缩小范围原则。

以上两种场景，在招数上看起来做到了有限的选择，但是实际上却没有秉持和善与坚定的原则，也忽视了孩子追求的归属感、价值感。场景一中，如果换成我们自己，老公开车，不提前告诉你，在上车后才告诉你去哪里，你有什么感受？你是不是会觉得自己好像没有被尊重？如果你不希望孩子穿的或拿的东西有伤害，有危险，就不要放在孩子的活动范围内，也最好不放在孩子选择的范围内。

第二个原则：预告原则。

这也是蒙台梭利倡导的。预告，预告，再预告。正面管教的内容与蒙氏教育有很多相似之处，都是尊重孩子的教育方法。可是预告了，孩子也不听怎么办？

第三个原则：情感上的平静原则。

在场景一中，妈妈因为着急出门其实已经很不平静了，孩子接收到的是什么呢？是妈妈的情绪还是提供的解决方案？

如果我们认为孩子是无助的、脆弱的，那么我们就认定了他需要我们的帮助。孩子的心声却是这样的：爸爸妈妈，我不希望你们过度保护我。我也可以自己来决定很多事情，当然我也可以帮你们很多很多的忙，你们都不知道我的能力有多大！

我希望能把人生的球场还给孩子，让孩子成为生活的主角，而我作为一名场外具有领导力的教练，组织孩子爸爸和自己共同挖掘彼此的潜力，为孩子的生活提供更多资源，而不是上场帮助他踢球或者喝倒彩。

练习：

今天不用我做、可以授权孩子做的事。

____

____

____

____

让孩子做自己

一次去美国出差的飞机上，邻座坐着一个2岁多的小男孩，精力旺盛，动弹不停，一不留神撞到了飞机折起的小餐桌，然后大哭不止。一旁的爸爸忙不迭地哄孩子："宝宝不哭，宝宝不哭……"孩子号啕依旧，只见爸爸对小餐桌板啪啪两下打下去："爸爸给你报仇了，谁让它磕到我家儿子了！"孩子停止了哭泣，愣愣地看着爸爸。

突然，我感到一种毛骨悚然的冷。人这个活物碰到了不会动的餐桌，居然是餐桌挨揍？明明是被孩子的哭逼到了无路可走，却要向一个不会动的桌子"寻仇"？被称为人生第一任老师的父母，被孩子的号哭拖向指责一个不会反驳的桌子！我们给孩子的爱，居然可以颠倒黑白，省略成长之痛，屏蔽除了快乐以外的所有情感。

在一定意义上说，父母有多么望子成龙，就有多么压抑孩子的"独立承担"。如果将孩子本应该承担的责任比喻为猴子，父母从孩子出生，就开始了一场替孩子背猴子的马拉松。"她这么小，让她做主，那长大还了得？""他都这么大了，怎么还不知道正事是什么？找一份稳定工作就行了，瞎折腾什么！"猴子一直在父母身上，孩子会有什么感受？第一类孩子尝试了几次，强权之下，索性习惯啃老。第二类孩子争夺无果，只能远走天涯，能离父母多远就走多远。高考报志愿，一定会报一所离家尽可能远的大学，做无声的抗争，甚至选择出国留学来寻求独立的空间。

先讲一个我自己的故事。

大学毕业，我一心想出国，但一向乖巧懂事的我最终在家人的期望下跨专业保送商学院。本应该安分等待开学的我，还是按捺不住去了

“过一个间隔年”的互联网创业公司工作，就连在美国上学的朋友也羡慕不已，我应该没有任何理由去拒绝这样一份“光鲜”。

但只有我自己知道，在异国打拼，我怎么也找不到价值感和归属感。纠结的是公司居然破天荒给了我长期的工作签证和可能会有的绿卡，我更迷茫了。如果没有那一场车祸，我想我还是会在美国过一种一眼能看到头的新移民生活。

2011 年 5 月 15 日，那一天改变了我生活的轨迹。一向走斑马线、规矩的我居然在西雅图典型的细雨霏霏的天气，被一辆黑色的 SUV 撞飞了十几米。

幸运的我，除了现在还有余波的 PTSD（创伤后应激障碍）和一张 1 万美元的医院账单，没有留下其他太严重的后遗症。时隔 5 年多了，我还是记得，在汽车撞到身体那一秒，内心第一次那样宁静。

因为，平生第一次，我听到了内心的真实声音：“我想回国发展。我想和他有一个孩子。”

就这样，1 个月后，我坐上了回北京的飞机。3 个月后，我怀孕了。在以为自己要挂掉的那一刻，我这个混沌的、为别人而活的自己，终于听到了我的心声，而不是外在的期望、社会的期许、同侪的压力。

人最可怕的是知道自己想要什么。因为，只要你想要，都会成真。

我常常在想，如果没有那场车祸，我还会留在异国他乡，过着言不由衷、晒光鲜国外生活的朋友圈，但在旷野般的孤独房间，捂着被子强忍着不哭出声，来证明面子里子不一致的拧巴生活。

走了这么多弯路，只是因为我不敢做自己。那么我的孩子呢，我希望他如何呢？

如果非要让我说一个养育孩子的期望，我希望是他可以勇敢做自己。

他可以不优秀，但是必须有自己的想法。他可以不强大，但是绝对敢做自己喜欢的事情。他可以不博得我欢喜，但是必须对得起自己的心。

于是，我开始找寻一条如何让女儿精神独立的教育之路。

我真的不是一个挑剔的人，不太会在意身上的衣服是不是最新款，不太热衷奢侈品包包，甚至都不太会用海淘给孩子买进口零食和童装。但在给孩子挑选幼儿园时，我只有一个要求，就是老师别虐待孩子，有最起码的尊重就好。

就这样一个底线要求，我所住小区的配套幼儿园也未能满足，屡屡发生不当惩罚儿童的丑闻。

带孩子去北京极为火爆的某早教机构体验早教课，一节课五花八门的运动器械走马观花，让我觉得一节课的性价比好高。

居然好好的中国面孔，挂着硬挤出来的笑容，对不满 1 岁的孩子说着语速超级快的英语指令，让我这个在美国独立生活过的成年人都要怀疑我是不是真的会英语。

眼花缭乱的器材每隔 10 分钟换一样，让我这个大人都觉得忙乱，更别提孩子。

孩子明显不太适应，我也被频繁更换的活动累得气喘吁吁。

期盼早点下课的我，突然听到老师说了这样一句指令：

“好，各位宝宝妈妈，下一环节，让孩子独立 5 分钟，把孩子们放在中间。”

我有点兴奋，太好了，终于有我期望的孩子独立的部分了。

接下来的一幕，6 个小孩，每个孩子被老师随机强塞了一个玩具，被杂乱排坐在一起。

老师让妈妈们远离了孩子几步，说：“独立时间开始。”

一片抢玩具和哭喊的混乱中，孩子拿到这个玩具还没有几分钟，又赶场儿似的听到了这样一句：“独立时间结束了，收玩具。”

我恍然大悟，原来独立只有 5 分钟，而独立，只是让孩子抢夺都不是自己选择的玩具。

独立居然被限制为 5 分钟，多么黑色幽默！

什么是真正的独立？

独立，不是被设计成 5 分钟的环节，也不是被硬塞一个不是自己选择的玩具，更不是任由孩子们胡乱争抢这些玩具。独立，是一个人可以自主选择，自主承担责任，自主思考创造。

如果，我们的早期教育没有给孩子独立的机会，那么孩子的未来将会多么可怕！如果没有从婴幼儿时期给他自主选择的机会，未来他如何有能力面对人生的选择？如果没有从婴幼儿时期给他自主承担责任的空间，未来他如何承担人生的责任？如果没有从婴幼儿时期给他自主思考创造的环境，未来他如何在复杂多变的社会中从容应对？

如果我们没有在大脑发育接近完成 90% 的婴幼儿的窗口期内完成独立，后续在小学、中学、大学做再多的努力，改变都是微乎其微！

所以，我们如何投资孩子的一生？孩子最重要的时期是哪一阶段？

不言而喻，是孩子 0—6 岁这个时期。

而孩子 0—6 岁时期的教育，我们最应关注的是什么？

是知识、技能，还是受益一生的“敢做自己”的精神独立？我虽然不同意你的活法，但是我誓死捍卫你拥有不同活法的权利。这才是我们对于孩子真正的尊重，不单尊重情绪，更尊重这个身高不到 1 米但是精神与我们处于同等高度的独立人格。

20 年后需要什么样的孩子？乖巧听话还是嚣张叛逆？都不是！我们需要的是独立思考、敢做自己的孩子！

如果说教育1.0时代是关注身体温饱，那么教育2.0时代更关注知识技能的学习，如运动技能、跳舞唱歌的能力、英语能力等。那么教育3.0时代更关注孩子的什么呢？更关注孩子是否独立，更关注父母是否授权，是让孩子在授权中敢于发现自己、发展自己独特优势的教育，绝非粗暴一刀切、权威一言堂、形式一对多的教育方式。

孩子没有机会自己做，哪有机会做自己？

高中同学毕业十周年聚会，女同学都问我，有娃后的生活什么样？俨然一群恐婚恐娃的人类围观外星生物，屋子里1秒静如旷野。通常遇到这类问题，我会特别谨慎地回答，但依旧掩盖不住我是一个鼓励别人生娃的“媒婆”。“今晚我跑出来参加同学聚会，4岁多的女儿这会儿正在家练习5遍《芭蕾演员》和5遍《跟上小队长钢琴曲》……”我用此刻家里发生的故事作为例子给没有孩子的老同学们勾勒了一幅有娃后的震撼远景。

如果你在“培养”一个不准备独立的娃，的确很累，要准备孩子的饭，要盯住孩子的学习，要处理孩子的情绪，等等。如果把照顾孩子每一件事的责任比喻成一只猴子的话，妈妈背上成千上万只猴子死抓啃咬，让未婚未育的人望而却步，让已婚已育的人悔不当初。如果你在培养一个迈向独立的娃，那就是不一样的风景，就会成为轻松的父母。

坐在琴凳前，女儿慢慢说出一句话：“妈妈，我觉得有点难！”“是的，确实有点难。”我点点头。我不是故意安慰她，即便对我这个成年人，同时换手并对应五线谱，我也觉得真的很难。“那你愿意教我什么是G大调吗？”我想起家长课上角色扮演时孩子的感受，开始尝试不做她的老师，而做她的小粉丝。于是，我眨眨眼睛问这个身高不到1米、但智商和我比肩的女儿。

“好呀，老师说了，要这样弹……”此处略掉女儿10分钟教授我的细节，但我惊奇地发现，原来钢琴老师说的话可以100%印在这个4岁多女孩的脑海中，儿童如此强大的记忆力，等着我挖掘和学习。

把女儿当小老师，我作为她的小粉丝，同时把猴子还给孩子，让孩子背起猴子，背起那份本应该属于自己的责任。

该练琴啦！⟶ 你打算什么时候练琴？

下一行！ ⟶ 你打算重复上一行，还是继续弹下一行？

开始弹呀！⟶ 你准备好开始弹了吗？

从左边的祈使句到右边的疑问句，是妈妈把猴子还给孩子的第一步，换成右边的表述方式，对孩子来说，一切不一样了。

孩子开始有选择，有思考，这是她一生中比琴艺更重要的东西——独立思考的能力。没有选择过明天穿哪一件衣服的小女孩能突然成长为知道自己未来在哪里的世界公民吗？从芝麻大的小事，到开始让孩子背上独立思考的背包，才是送给孩子最珍贵的礼物。

儿子小来刚过2岁，进入“臭名昭著”的2岁叛逆期，除了喜欢说“不”以外，小家伙迷上了说另外两个字——“自己”。

穿鞋时，如果你着急帮忙，他会推开你的手，口中念念有词：“自己”。拼插乐高，如果你忍不住要帮忙，他会用小身子挡住，望着你的眼睛，重复说：“自己”。带他去洗手，刚想替他拿洗手液，一个声音冒出来：“自己”。

这两个字好像是一句他的代言词，总是提醒我在这个焦虑的社会中，等等孩子，让他们通过自己想、自己做的方式来做自己。尽管滚滚的生活洪流簇拥我大踏步向前，总有一个声音告诉我，等一等这个“想自己做”的小孩。

从小婴儿开始，即使是翻身这样的小事，只要孩子自己想做、能做，我都选择把自己的双手放在孩子的身后，默默等待。

让孩子做自己的三个步骤：

第一步，让孩子参与与他相关的大多数事情的执行和决策。比如：小来 1 岁半开始扔尿不湿到垃圾桶。

第二步，如果孩子暂时做不到，请至少让孩子参与其中一个环节的执行或决策。比如：小来 1 岁自己提尿不湿。

第三步，如果孩子暂时做不到，让孩子至少参与完成最后一个步骤，比如：小来脱尿不湿时，允许他用手抠开尿不湿粘扣，穿鞋的时候，请他粘上最后一个鞋扣。

最令人满足的一种感觉，是像欣赏落日一般欣赏一个人，如果让人们顺其自然，他们就会像落日一样美妙。当我在一个又一个黄昏欣赏落日时，我不会说，右边的橙色要柔和一些，底部的紫色要再深一些，云彩上面再多加一些粉色……我不会试图去控制落日，我只会满怀敬畏地观看它的变化。

未来的社会需要敢做自己的孩子。如果爸爸妈妈真的爱孩子，请让他做自己！

第六章

省时间比省钱更重要

据我观察，大部分人都是在别人荒废的时间里崭露头角的。

——［美］亨利·福特

投资时间：你的每小时值多少钱？

父母们特别喜欢在网上给孩子买东西，而有些东西买回来也用不上，要不就是扔掉了，要不就是送给别人，这种看到好东西就网购的习惯，让不少父母每天要花好几个小时。

为人父母者，唯恐自己耽误了孩子。“别人家孩子都有了，我也要给孩子买！”“那谁朋友圈晒了这个玩具，我也要给孩子买。”“绘本团购，算我一个。”嘈杂的网上充满了各种各样的评价，眼花缭乱中，我们花了好多时间来研究，最后还是忍不住跟风购买各种各样的产品和服务，绘本、玩具、进口衣服和奶瓶……

有意思的是，我们花时间研究哪个玩具、绘本、奶瓶好，不断砸钱买各种各样的进口用品，但却抽不出时间陪孩子玩那些玩具、看那些书、喂孩子喝奶。这是在带孩子上的外包思维，用金钱来购买商品，用商品来替代父母缺席的亏欠。

孩子需要的是什么呢？恰恰是我们的时间，不是我们花钱买来的商品。

经济发达的社会赐予了我们物质丰富的生活，所有的商品都可以标上一个价格带回家，连退货都可以7天不需要任何理由。如此便捷的今天，我们习惯了秒杀、抢购，先买回来再说。堆积如山的衣服、落满灰尘的厨房电器、没怎么翻过的书，有时候我们怀疑买回这些东西来究竟是好事还是坏事。

如果在网上买东西，你会为了省10块钱花1小时来货比三家吗？

看到系统自动推荐的便宜商品时，我们总是忍不住下单，IT 工程师在设计网购页面时，就是让我们停留更多时间以吸引更多人下单，秒杀、推荐、买赠使我们眼花缭乱，于是，我们打着省钱的旗号，往购物车中添加更多不那么急需的东西，时间就这样静悄悄地溜走了。

我们擅长省钱，却不擅长省时间。钱可以再赚，而时间一旦流逝，就再也追不回来。“时间就是金钱”的口号，我们如雷贯耳，但当省钱和省时间摆在我们面前，我们总是忍不住选择前者。

为了节省 20 元书钱，花 1 小时去找免费的电子书；为了节省 28 元的软件钱，我们花 2 小时去找免费的下载链接；为了节省 2 元钱停车费，我们跑到服务台，发现消费累计金额不够，又要再花 30 分钟买一样东西，才可以拿到免费停车券。

换算下来，在找免费电子书时，我们的 1 小时价值只有 20 元；在找免费软件下载时，我们的 1 小时价值只有 14 元；在买东西拼凑免费停车券时，我们的 1 小时价值只有 4 元。

而我们的时间，1 小时价值应该为多少呢？

一年 365 天

双休日共________天

法定假日________天

公司带薪休假________天

实际工作________天________小时

假定有效工作时间为________小时

全年有效工作时间为________小时

你的年薪________元 ÷ 你全年有效工作时间________小时 = 时薪________元 / 时

我们习惯比较年薪一决雌雄，却很少计算时薪，即你的 1 小时价值

音频课课程列表

1. 震惊：今天不用我做的事
2. 羞愧：总省钱却不省时间
3. 这么回微信不得罪人吗？
4. 惊悚：今早你吃青蛙没？
5. 错过啥，也别错过黄金时间
6. 兔子和熊猫，谁跑得快？
7. 今天戴哪顶帽子最节省时间？
8. 时间是最稀缺的爱
9. 你帮孩子的事等于什么？
10. 答疑——只为认真听课的你

扫码领取

在有趣的互动问答及生动的案例分析中，帮助你告别为人父母忙乱低效的生活，打破没有时间的魔咒，回归优雅从容的生活。

有多高。

如果时薪低于 4 元，那么，也许你会为了节省 2 元钱停车费，跑到服务台，发现消费累计金额不够，又要再花 30 分钟买一样东西，拿免费停车券。如果时薪低于 14 元，那么，也许你会为了节省 28 元的软件钱，花 2 小时去找免费的下载链接。如果时薪低于 20 元，也许你会为了节省 20 元的书钱，花 1 小时去找免费的电子书。可是，你的 1 小时价值真的只有那么低吗？

听到这里，一位全职妈妈问："我的 1 小时薪水有多少，应该如何计算呢？浑浑噩噩过了一天，谁都不在意我的时间价值！"

经济学上的机会成本为全职妈妈计算 1 小时薪水提供了一个全新的思路。机会成本是指在面临多方案选择时，被舍弃的选项中最高价值者是本次决策的机会成本。全职妈妈舍弃了其他职业发展机会，1 小时薪水不是由家务本身的价值决定，而是由舍弃的职业发展机会中的 1 小时薪水来衡量的。世界上没有哪一个工作是如此"全职"的，全职妈妈是世界上最伟大的职业。

宇宙中的"时"本是没有"间"的，顾炎武在《日知录》写道："自汉以下，历法渐密，于是以一日分为十二时，盖不知始于何人，而至今遵而不废。"我们把"时"分割成"间"，本就是为了方便人类思考。表面的时间管理分配，背后是我们的时间观在作祟。根据心理学的冰山理论，我们的行为只是冰山一角，深藏在冰面下的是潜意识，是我们对时间的态度。

美国心理学家菲利普 · 津巴多曾提出，你对时间的态度会对生活产生深远的影响，而自己可能很少觉察，这就是时间悖论。如果没有觉察到时间分配行为背后的时间观，我们就会陷入省钱而不是省时间的怪圈，我们就会陷入给孩子花时间狂买东西而不是简单陪孩子玩那么一小会儿。

如果每天都有 86400 元进入到你的银行账户，而你必须在当天用完，你会如何来用这笔钱？天下真有这般好事，这个账户就是时间。每一天每个人都会有新的 86400 秒进账。“时间就是金钱”，本杰明·富兰克林的这句话早已成为家喻户晓的口号，但时间好像不能直接换算成钱来花。

如果我们把时间当作消费品，的确没办法换成钱来花，而如果把时间当成投资品，我们就会关注它的投入产出比。

如何把时间当成投资品呢？

有一条黄金定律，凡是比 1 小时薪水价值低的事果断外包，把时间预留给比 1 小时价值高的事。

交 2 元钱停车费来节省 30 分钟时间，给孩子讲一本绘本，享受亲子阅读时光。直接付费 20 元买一本书，节省那 1 小时，可以看到这本书的第 30 页，享受阅读充电的成就感。直接付费买 28 元的软件，节省 2 小时，终于有时间把乱成一团的工作计划厘清，无比开心。

常用时薪来勉励自己，计算它每小时的价值和费用，帮助我们清晰判断哪些事情该做，哪些事情不该做。按照这样 1 小时薪水的思维方式来想事情，一下子就想明白了。

当我们购买服务来节省时间，进入这样的循环，我们的时间就会越来越有价值。你为了节省时间，而愿意付出金钱，那你就是在为自己投资时间，而不是消费时间，慢慢地，你的时间就会越来越值钱。

流行的微信、不断升温的电商、传统的超市商店……不知如何，好几个小时就这样消失了。如果这几样东西本身给你带来幸福感，也算值得，但如果你花了时间感觉更糟，那我们要重新思考我们如何投资时间，而不是消磨或消费时间。

一位妈妈听到这里，恍然大悟：“我雇的保姆从超市买回来的东西不合我心，我气不过要亲自去采购，留保姆在家看孩子。本想雇保姆帮我做家务，我来更好地陪孩子，而我却成了保姆，保姆替代我陪孩子。”

在孩子和采购面前，如果没有从1小时价值来反思我们的时间分配，把自己的时间投入根本没那么重要的事情，而最重要的事情却没有做，就会“自己成了阿姨，阿姨成了妈妈”。

恐怕不用赘述，任何一个为人父母者都知道这样的道理：在一个家庭中，没有什么比教育孩子更重要的事情，这有关生命的传承、人类的繁衍、智慧的传递。但我们的24小时，很容易被不得不回的手机消息带走陪孩子的注意力，被时不时响起的电话打断亲子温情的瞬间，被那些不知道哪里冒出来的杂事搞得晕头转向，动不动就对孩子发无名火。本是为了我们和孩子的高质量生活，我们才去工作，才接电话，才回手机消息，才处理那些乱七八糟的杂事。但走着走着，我们就陷入这些细枝末节的琐碎中，为了节省那一点点远比时薪要少的钱，哪有让自己开心、有陪孩子的时间、力气和心情？

能花钱的就不要花时间。

有位妈妈问：“做饭，算不算浪费时间？”

这取决于做饭是否能给你带来愉悦。如果能，那做饭属于把时间花在美好的事物上，你获得了能量，属于投资。如果做饭让你特别痛苦，你有更重要的事，就可以部分授权或外包，解放自己的劳动力。

你有多少时间工作，工作就会自动需要那么多时间，如果你预留了一整天，那么就需要一整天来完成，如果你只安排1小时，也可能更高效地1小时内完成。

时间，才是当今最值钱的、不可更新的资源。当今互联网时代，你可以迅速找人外包你决定不做的事情，上至职业经理人，下至做饭阿姨和扫地机器人。而如果不预留时间给重要的事，我们永远没有更好的生活。

2003 年，斯蒂文 · 赫尔由智商、情商得到启发，提出“Time Quotient”即“时间商”概念，并将之定义为：对待时间的态度，以及运用时间创造价值的能力。你的时间商取决于时间是你的投资品还是消费品。

哈佛大学教授塞德希尔 · 穆来纳森在一项研究中发现：穷人和忙碌的人有共同的思维特质，注意力被某一类资源过分占据，从而导致认知和判断力的下降。

越不在乎时间，你的时间就越廉价。越在乎你的时间，你的时间就会越有价值。

投资时间，而不是消费时间。

打折产品代价：你的时间都去哪儿了？

你会为购买打折产品，去花大把时间吗？你的一生中，会花多少时间买打折产品？

如果 1 天花 1 小时购买打折产品，按照 80 年计算，我们一生中会有 3 年多的时间在购买打折产品。

我们真的需要那么多打折产品吗？

女人一看到打折衣服，就禁不住诱惑下单。下单后将其堆在衣柜里，然后会发生什么呢？

每天选择穿什么衣服的时间占用至少 30 分钟，左挑右选，最糟糕的是我永远记不清丝袜、丝巾究竟放到了哪里。

在每天的时间分配中，女人们惊人一致地发现一个令人震惊的事实：花很长时间找每天穿什么衣服。如果以每天 30 分钟为例，每年浪费在找衣服这一件事情上的时间是 0.5 小时 ×365 天 =187.5 小时，居然超过 1 周。你看到触目惊心的数字时才发现，你占有的东西也在占有你的时间。

如果开始把每天常穿的衣服挂在衣柜的最右侧，1 个月下来，会发现最右侧的衣服只有 20%，而剩下的 80% 的衣服完全不穿。那为什么还要留在衣柜里呢？摩挲每一件不穿的衣服，仿佛都有留下它们的理由。女人们也唏嘘，这么心爱的衣服扔了好可惜。

如果不处理掉从来也不穿的衣服，它们就会占有我们本来少之又少的时间。为了丢失的 187.5 小时，下狠心，拍照留念后，全部转送给需要的人，衣柜一下子清爽极了，扑面而来的都是轻松和愉悦。每天早上选衣服，提前将现在用的衣服按照搭配摆好，就能缩短为 1 分钟。最重要的是心情，仿佛也跟着断舍离净化了一般，重新定义了自己的角色和服饰风格。而经历了扔衣服的痛苦之后，再购置新衣服的时候，也会很认真地想一想，到底哪些是我需要的？也给自己定一条规则，每买一件，就要先断舍离一件，不必再因为打折而购物，而是为了需要而主动购物。

除了关注衣服的价格以外，还需要关注每次着装成本，简称为 CPW，它是一件衣服的价格和到底会穿着它多少次的比值，CPW=P/N（其中 P 为衣物单价，N 为着装次数），衡量自己穿戴的衣物的价值标准。买了一件打折的不到 100 元的帆布鞋，一共穿不到 3 次，每穿一次成本 50 元，如果买了一双不打折 500 元的很舒适的牛皮鞋子，一年上班穿、带孩子穿 30 次，每穿一次的成本是 17 元。

在找衣服的过程中找到了主人翁的感觉：我希望树立什么样的形象？我要传递什么样的美学价值观？我在这个世界上究竟该如何定位？

思考这些问题之后，早上穿衣服自然不再纠结。做减法的生活，要比做加法的生活更美丽优雅，也更轻松从容。

让从来不穿的衣服侵占你的时间，累计浪费了的时间和节省的那点钱，孰轻孰重？

和女人对衣服的态度一样，男人们也不舍得删掉电脑中的任何文件，甚至保留着从有电脑以来的所有文档。密密麻麻好多层级，但事实上几乎从不翻看，只是为了摆放在那里，安慰自己，觉得没准儿哪一天自己会用上。信息社会中，信息就像食物，吃多了也不舒服，容易便秘或拉肚子。我们从未有机会用上这些存货，而整理这些内容的时间成本已不容小觑。设置那么多层的文件夹，每次需要用的时候，怎么都找不到，有些文档，一辈子都不会打开，那为什么要留着呢？又为什么要花时间来整理它们呢？

云端存储如此发达的今天，我们还留着这些网上搜索就触手可得的东西，本身就是让自己背了一堆猴子，能不气喘吁吁吗？如果很多文档注定了只会用一次，那何必庸人自扰地不停堆积保存？只要能随时在网上找到它，又何劳惠存？

每一个文档都需要保存，每一次换电脑都要挪动到新的硬盘上，每一次再次搜索都找不到它的位置，我们心里明明知道这些时间累积起来比直接在网上搜索要花费更多的时间，但是还是觉得不停地保存到电脑中，可以给我们带来安全感。如果依赖物品给予我们安全感，我们永远无法找到安全感。身边事物的物理状态对我们心理状态的影响，不容小觑。

如果狠心把所有不用的文件拖进回收站，电脑和自己的大脑轻装上阵，不存储此刻用不上的文档，思路就会随着电脑的 CPU 运转得更快。如果放下对文档的执念，只保留当下最需要的文档，数量减少，自然1

秒钟就能搜到当下能用的文档，会更有效率。

如果没有明确的目的，绝不打开电脑和手机，电子产品像一头野兽，如果没有自律的缰绳，就会猖獗肆虐。打开它们需要有明确的目的，而且每次打开，都要看一眼打开时间，在心里默念结束时间，确保准时离开电脑和放下手机。最容易节约的时间，就是看电子屏幕的时间。

除了衣服和电脑文件，无效社交也在占用我们的时间。

去参加一个行业会议，宛若迷失在森林中。到处赶场子，收名片，像极了在四处游荡的魂魄，回家根本回忆不起名片背后的那一张张脸。“我认识某位大牛”，时不时地也会摆出和各种大咖的合影，放在朋友圈充门面。过眼云烟，行人无数，趋炎附势于某大咖大牛，除了疲惫，只剩下一阵阵脊背发凉的空虚。躺在手机里的5000个联络人，拨打出去的永远不超过10个。而真正当你需要帮助的时候，总是那几个亲朋好友第一时间响应。虽然“六度人脉”理论让我们很兴奋，以为世界上的每个人我都会认识，然而慢慢发现由于有限的时间和精力，我们没有办法与超过150个以上的人建立社交关系，这就是英国人类学家罗宾·邓巴发现的人际交往的上限。

与其和每个人蜻蜓点水，不如用心问问自己，我想结交的那几个朋友是什么样的人？我希望周围聚拢的人是什么样的状态？我不是靠认识多少牛人而倍感荣光，我也不是要靠和大咖合影才能彰显价值，我更不需要用不停上升的通讯录名单数量来填充我的心，我只需二三好友坦诚相待。不敢删，因为总想着别人。可如果没有自己的圆心，我们哪有社交的圆圈呢？从单身生活到有娃生活最大的转变，是我们生活中有了另外一个重要的人，社交圈也随自我状态而改变。一个人的朋友圈也一定程度显示了他是什么样的人。净化社交圈，同时也在净化心灵。而惶恐净化和断舍离的背后，是贪欲和占有的旧习。

还有一类事既占有时间，也占有我们的心情。

那就是吵架、抱怨等充满负能量的行为。

在家庭时间管理课上，我们分享了这样一个故事：周末的商场人满为患，地下停车场车也很多。刚下车库负二层的我们，险些和前方突然停住的车追尾，下意识按了喇叭提醒。惊魂未定的时候，从前车慢悠悠下来一个妈妈，抱着一个孩子。谁知这个妈妈抱着孩子突然改变了路线，跑到前侧车窗跟前，翻了个白眼："按什么喇叭，你这人怎么这么没素质！"那一刻，没有想还嘴的冲动是骗人的。

我们在每天的生活中各种忙碌，除了工作、家庭方面的忙碌，我们的心灵也很忙碌，忙得不得不对人、事、物不假思索地快速评判。"那个妈妈太自私了""这家孩子怎么这么没规矩""那个人没素质"，好像坐在高高的法官席上，拿着代表正义的小槌的法官，叮叮咚咚敲着我们的判断。如果我还嘴，两方吵架，最浪费时间的莫过如此。花时间在憎恶的事情上，解决不了问题不说，还伤了和气，损了元气，传递了负能量，唯一能要回来的就是面子。可是，在面子上花了太多时间，就没有办法在里子上投资时间，没有办法为自己的人生理想投资时间。

最为重要的是，孩子在身边跟着学到的冲突处理方式，也并不是我期待孩子学习的，这种懊恼和耻辱是具有传承性的。因为，孩子会继续跟我们憎恶的人的孩子在一个层次上折腾，我们的孩子会继续耗费精力和时间在我们憎恶的事物上。也许图一时口舌之快会得意一会儿，但长期来看，总是在吵架、抱怨、批评上投入时间，不但没有解决问题，还要花更多时间来平复、消化不断蔓延的负能量。

我们要花多长时间把好心情找回来？

甘地说："愤怒就像硫酸一样，它对容器的伤害远远大于对攻击目标的伤害。"在犹豫要不要吵架的那一瞬间，就决定了我们有选择的机会，那里面躺着我们的时间。

断舍离杂乱 Low[①]，人生才精彩

"我的房间很杂乱，不知道如何下手，怎么办？"

杂乱无章的房间，让我们经常找不到东西，于是，我们会花更多的时间来寻找。就这样，很多宝贵的时间流逝了，我们的时间紧张起来。

时间和空间像一对欢喜冤家，如果在空间上贪婪，在时间上势必就会吝啬。那么如何在时间和空间中找到平衡呢？

让我们向日本杂物管理咨询师山下英子的"断舍离"精神学习。

- 断：不买不需要的东西，只添置必需的物品。
- 舍：收拾用不上的破烂儿，转赠现在不用的物品。
- 离：脱离对物质的迷恋，从关注别人到关注自己。

在"断"和"舍"的行动中脱离对物质的迷恋，达到轻松自在"离"。

首先，要从关系轴重新审视自己与物品的关系，不是物品需不需要，而是"我"需不需要。

以吃自助餐为例，如果以物品为中心，就吃最贵的、但不一定适合

① 英语单词，意为低级、低效。

自己脾胃的龙虾，等到回家肚子可能会不舒服，几个小时躺在床上嗷嗷直叫。而以“我”为中心，就会选择最适合我的奶油蘑菇汤。吃最贵的，是以物品为中心；吃最适合自己的东西，是以“我”为中心。

其次，要从时间轴重新审视现在与将来的关系，不是将来需不需要，而是现在需不需要。

它对当前的“我”真的重要吗？我们总是想下一次就用上了，就这样，永远也等不来下一次。我们不敢决断，不敢舍弃，因为我们逃避现实的我，沉湎于过去，对未来充满不安。一个人不可能在三条时间线上，我们必须让当下的自己做一个选择。

从“现在”“我”的需要看，为人父母的我们如何断舍离？

第一，分三类。所有的事都可以被分为三类，发言不管什么内容，都可以讲三点。

第二，仪式感。如果真的舍不得某件东西，我们可以拍照留念，发一下感慨，感谢它陪伴我们走过的日子。

第三，要留白。看不见的空间，30% 留白；看得见的空间，50% 留白；装饰性的空间，70% 留白，就像画廊一样。

第四，量守恒。同类物品如果补充一样，就应丢弃一样。比如，买一双新鞋时，先断舍离一双旧鞋；买一个新的背包，先断舍离一个旧的背包。

第五，单动作。日用品，需要一个动作完成，不是用两只手捣鼓半天完成，比如要撕掉日用品上的盖子，这样使用时可以节约时间和精力。

对物品的整理，也是对内心的整理，思考：我现在需要什么？什么值得我拥有？

物品在大脑中的倒影，就是我们的思维，当物品清晰，我们的大脑清晰，我才是生活的主角。

不要奢求每一个微信里的好友都对我及时回复并点赞，我注定了要对重要的人和事更负责。

放下给孩子世界上所有最好的东西的执念。因为创办幼儿园的关系，身边好友都会问我，蒙台梭利教育和瑞吉欧教育哪个好？好的教育都能达到好的效果，而教育本身应该是多元化的，百花齐放。

不论选择什么样的教育，每个孩子都只能选择一趟列车，父母注定了只能陪孩子一程。在孩子碰到困难与挑战的时候，在背后支持，不离不弃；在孩子犯错的时候，在身边陪伴，不卑不亢。

一个人不可能同时家庭和事业都完美平衡，两个里面总会留有一点点遗憾。我们势必要在家庭和事业中分别断舍离一部分不切实际的幻想，比如：如果想做一个好妻子和好妈妈，在工作的应酬饭局中，我注定不能每次到场；如果我想做一个对社会有价值的创业者，那就注定了我无法全天24小时陪伴孩子，我必须找到一个可靠的人，在我不在的几个小时，可以陪伴孩子，照顾孩子的日常起居。

断舍离，不是丢弃和忘本，是为了新陈代谢，让你有更多的希望，人生才会更精彩。

“断舍离”小贴士：

比你的1小时价值低的琐事，都可以砍掉，包括从来也不穿的衣服、占用电脑内存的文件、从来也用不上的日用品、无效社交、给孩子买那些从来都用不上的东西。

1. 请客吃饭点合适的菜量，不再为了面子多点菜，要比反复计算账单更划算，为外在的面子花更多的时间，不如为内在的自己花更多的时间。

2. 断舍离衣柜里从来不穿的衣服，自然再看到衣柜就会直接找到要穿的衣服。每一次把常穿的衣服挂在衣橱的右边，1 个月后，所有不在右边的衣服，其实你都不需要。

3. 果断买互联网视频网站的 VIP 账号，虽然 1 个月几十块成本貌似很高，但相比被迫看长时间的广告，一边看一边骂视频网站黑心，投入产出比更高。

4. 逛街或网购买打折产品前，问自己：我买回来能用几次？它适合我的什么角色？在什么场合下穿？如果这几项都有肯定的答案，再买。可通常情况下，我们都没有办法回答这些问题，打折买的东西 99% 是你现在根本用不上的。

拒绝做全能型妈妈

女儿刚满月的时候北京还没有雾霾，我经常带她在小区里散步。看到新出生的小宝宝，大人孩子好奇地围上来。

“哎，这妈怎么不给孩子穿袜子？天气还没那么暖和呢！”一个热心肠的奶奶建议说。

第二天，我听了老人家的建议，给孩子穿上了袜子才下楼遛弯。

“这么热的天，这妈怎么还给孩子穿袜子？这抵抗力锻炼不起来，更容易生病。”碰到的另外一位热心邻居建议说。

我完全傻掉了，前后两天，两种关于穿袜子的不同观点，都是以“这妈怎么”的句式开头。

去接 4 岁女儿放学，门口很多妈妈都会准备小零食。女儿看到小伙伴有，也难免会朝我要。每次我都是来去匆匆，没准备零食。小家伙哭着央求我，旁边热心的妈妈半开玩笑半正经地说："你这妈，怎么不记得给孩子带呢？看孩子多可怜。"

看着女儿围着其他妈妈像小鸡一样够零食，我有点失落。

"这妈怎么"的句式背后是对妈妈这个群体特别完美的期许。我要成为一个有求必应、心思缜密、业务熟练、十八般武艺精通的全能型妈妈，才能配得上人们口中称颂的世界上无私伟大的母爱。

如果问一个妈妈的职业理想是什么，有多少人的梦想是做全能型妈妈？如果孩子要什么，我们要提前准备。如果希望孩子做到什么，我们先要做到什么。于是，我们推掉应酬，拒绝了好友逛街的邀请，甚至连最喜欢的电影院都不去了；我们砍掉了逛街的时间，告别了美容、美甲、做头发，甚至连锻炼身体也成了奢望；我们辞掉工作，不停阅读育儿书，甚至还去学心理学，期望给孩子百分之百的爱和照顾。可付出的越多，学的越多，越惶恐——唯恐由于自己的慢和也许会犯下的错，影响他的一生。

创办学校伊始，我承担着不为人知的压力。而那时，我的老二刚刚出生，老大因为弟弟的出生受到一些冲击，情绪极易波动。一边带孩子、一边创业的我脾气开始不自觉变大，有时候看到女儿的"大哭大闹"，心里总会有一个声音响起：要不是因为你，我怎么会这么累？

一直都告诉自己，为了给女儿一个更好的幼儿园，我才选择了这样一条艰辛的创业之路。而事实真的是这样吗？历练的经验告诉我，我选择创办学校并不是单纯为了女儿，而是我对孩子的热情、对教育的热爱，使我选择了这样一条道路，而女儿只是我的引路人。

我的工作压力与她无关，我的选择需要由我自己负责。我要放下"为了孩子"的旗号，自然就不会对女儿有过高的情感期待，同时也放自己一条生路。

有时候轻描淡写的母爱，或许是对孩子最好的关怀。沙子轻轻握在手里，沙子和我们才不会疼，沙子也不会溜走。作为妈妈，如果一定要付出，我必须告诉自己，这是我自己的选择，而不是“为了谁”。如果抱着“圣母心”，求感恩戴德，我一定会失望，也一定会由失望变成情感的绑架和勒索：“我都已经为你这样了，你怎么还不能这样？”过高的期望不会带给孩子快乐，我们可能还要搭上更重要的东西来报复或偿还。

一直嚷嚷学琴的女儿在刚开始学琴的前两个月遇到瓶颈，刚开始的三分钟热度随着一点点爬坡的进度消失殆尽，怎么叫都不愿意坐在琴凳上练。一筹莫展的我没想到什么好方法，有点着急的我不得不自己开始跟老师学，自己示范坐到琴凳上弹呀弹，也没让小家伙重新捡起兴趣。谈着谈着，我在她面前弹错了一个音，女儿听出来了，凑过来指正了错误。我下意识地跟她说：“谢谢你。”

这三个字让她的小眼睛亮了一下，像不怎么常见的流星在她棕色眸子的天空中闪过。小家伙屁股一扭，顺势坐在琴凳上，居然开始练琴了。那一刻，我明白孩子需要的不是一个弹琴比她好的妈妈，她需要的是一个粉丝，一个为她鼓掌的人。自此以后，不管她的进度如何，我不再自己学琴，而是让老师教她。我安心做女儿身后的一个小崇拜者和小粉丝。以此类推，孩子学英语和绘画，给孩子找到专业的资源，妈妈作为粉丝，也有时间照顾自己。

拒绝做全能型妈妈

我们想做既事业顺利又相夫教子有方的双料冠军，很容易在还没有起跑的时候，腿软趴在起跑线上，而全能型妈妈作为一个高高在上、无法达到的目标，让我们每一步都走得充满压力。

家长课上的一位妈妈思路敏捷，在家长课上统计父母一天的时间分配，她的家务时间为0。其他人都很好奇，她不好意思地笑笑，没说什么。

谁要求我们职场妈妈在工作劳累了一天之后还要一丝不苟地对待家务？谁要求全职妈妈必须要对男人对孩子的期望言听计从？又是谁要求我们做花样早餐来让孩子长大后回忆妈妈的味道，掌握英语和钢琴的技巧，让孩子不要输在起跑线上，让自己别成为孩子的瓶颈？谁规定妈妈必须是全能型？

有时，有点瑕疵的人反倒比完美、全能的人更具有吸引力。全能型妈妈只存在于粉饰的故事里。真实的世界，如果按照全能型妈妈的标准来做，就会一辈子都要背负着巨大的压力，找不到心安理得的立足之地。

我们总是想在工作和家庭什么都不舍弃的情况下，完美平衡，我们总是认为多任务管理可以让我们获得我们想要的生活。可这样会让我们超负荷工作，压力太大。

其实，你可以偶尔和老公坦然地看一场浪漫的电影，不再火急火燎地坐在电影院里不停地给老人发短信问："孩子睡了吗？"你可以为了自己的职业选择勇闯他乡，不再为了孩子的教育环境而左顾右盼。你可以为了自己的想法勇敢创业，不再打着孩子的旗号而退缩……

请让我们一起重新定义好妈妈，拒绝做一个全能型妈妈，不做在所有小事上较劲的全能型妈妈，而做勇敢断舍离的粗线条的轻松妈妈。

第七章

时间管理决定爱的能力

我的生命是从睁开眼睛，爱上我母亲的面孔开始的。

——［英］乔治·艾略特

决定人生高度的是哪 8 小时?

家庭时间管理课上，有一位妈妈愁眉不展：“我想转行，可哪有时间学习？”身为公务员的她，特别想转行做一名家庭教育的讲师，但是苦于工作压力比较大，还要兼顾孩子。没有时间，成了所有爸爸妈妈的痛点。

为人父母后，捉襟见肘的除了腰包，就是时间。告别了懒觉，从睁开眼睛的一刻就不停地忙碌，到夜深人静孩子终于睡了那一刻才发现，还有一堆没有做完的事情横亘在心头。更可怕的是，我们开始变成了那个有孩子之前信誓旦旦不会成为的人——因为孩子和爱人吵架，在公共场合被熊孩子逼得歇斯底里，张口闭口都是孩子的事，丢了自己，更忘记了结婚时幻想的家庭生活目标。

没有孩子的人如果不亲身经历，也许永远无法想象一个有孩子的人的生活，除了表面晒出来的幸福，还有背后不为人知的心路历程。熊孩子磨蹭，忍不住发火；育儿分歧，和爱人冷战，和上一代人吵架；最悲惨的是当熊孩子碰到忙碌爸妈，成了一场不知怎么收场的闹剧，大人闲时孩子的哭闹和大人忙时孩子的哭闹宛如相隔千里的河两岸，河这边一切好说，河那边，“看不见我有多忙，还捣乱”。

在时间管理上，有一个“三八原则”：8 小时睡觉，8 小时工作，那么剩下的第三个 8 小时决定人生高度。也就是说，决定你生活质量的是业余时间。爱因斯坦说，人的差异在于业余时间。业余时间生产着人才，也生产着懒汉、酒鬼、牌迷、赌徒，由此不仅使工作业绩有别，也区分出高低优劣的人生境界。你如何度过你的业余时间，决定着你的人生质量。

管理学大师彼得·德鲁克说，不能管理时间便什么也无法管理。8小时睡觉和8小时工作，大家都是一样的，而这自由支配的8小时，就是人与人的差别。

我问大家，你的业余8小时是如何分配的?

一位妈妈写下了前一天业余8小时的分配，把自己吓了一跳：

- 手机2小时
- 应酬1小时
- 陪孩子玩3小时
- 通勤2小时

业余的8小时都被什么占满了?

我们业余8小时时间，有多长时间在玩手机?

如果每次拿起手机时，我们不在心里暗自念叨我们要做的A这件事情，就一定会被BCDEFG等事情拉到九霄云外去。比如拿起手机的时间是10点25分，如果不给自己规定只有5分钟的时间，10点30分一定放不下来，我们一定在B页面看着C这个商品，在比较DEFG这几个产品哪一个你要下单。不要把手机放在触手可及的位置，卷入高度碎片化的网络生活，要留一份从容的深度给自己。

在我们业余的8小时里，也因为不好意思说不，被占用了相当多的时间。英国牛津大学的人类学家罗宾·邓巴，根据猿猴的智力与社交网络推断出“邓巴定律”：人类智力将允许人类拥有稳定社交网络的人数是148人。也就是说在我们人类的智力可承担的范围，我们的社交圈子平均最多约有 150 个人，而其中对我们来说重要的人不超过 10 个手指头。取悦每一个人的后果，就是让所有人失望。不好意思说“不”，仿佛背上嗷嗷待哺的猴子，一直累积的后果，就是压趴了自己，永远到达不了终点。

在我们业余的 8 小时里，怎么盘活固定的通勤时间呢？利用场景分类、背包法则，重新规划通勤的场景，帮助爸爸妈妈职场转型。如果想做一名家庭教育讲师，就要提前积累知识和考取认证，通勤时间就成了爸爸妈妈属于自己的学习时光。提前下载好有声书，在通勤的场景中，自动打开有声书学习，让通勤的时间成为下一个职场转型的储蓄罐。

还有陪孩子的那几个小时，如何更高效地度过呢？

安排和孩子的特别时光。

其中有三个步骤和四个原则。

第一步，先和孩子一起约定什么时间他希望我们陪伴，在这段时光中，孩子希望我们一起做什么。就像当年约会一样，在安排约会的时候另一半一定会问，你想看电影还是逛街呢？针对对方的喜好，提供有限的选择，并提前约定时间、地点。亲子关系和亲密关系一样，再小的孩子也有自己的想法和喜好。

第二步，在特别时光开始之前，自己利用独处时间休息一下，恢复体力是不错的选择，还要提前安排好可能会中断的工作。特别时光的时间并不建议太长，10—30 分钟为宜，随着孩子年龄的增长，可适当延长。一旦约定的特别时光开始，放下手机和工作，全身心陪伴孩子。

第三步，按照特别时光中的约定，做我们和孩子们之前约定的事情。如果其他时间段孩子来找你，你可以悄悄在孩子耳边略显神秘地说，我很期待我们的特别时光。如果你体力不支或心情不佳，调回第二步，先顾自己再顾娃。

这是特别时光的三个步骤。

课后，很多妈妈忍不住问："特别时光我就是这么做的呀，可陪他几个小时，他都不满足，还是会缠着我。这个方法不好用。"有时候不是方法不好用，而是我们要选择怎么用，这会影响我们爱的表达，所以要有原则。

特别时光第一原则：决策权。

"你陪他做的事情，是由孩子选择的还是大人选择的？"想了想，好像是大人选择的。"来，妈妈给你读一本书！""你就不能玩点安静点的游戏吗？"如果是这样，与其说是我们陪孩子玩，不如说是孩子陪我们玩。如果我们和另一半约会的时候，对约会的内容没有任何发言权和决策权，谁会认为那是愉快的约会？我们会觉得那是一次被强行押送的会面，自然会找各种机会表达不满。

特别时光第二原则：专属感。

家庭时间管理课上给大家分享我们家写在家庭会议本上的特别时光约定，受到鼓舞的爸爸妈妈们，忍不住好奇地问："为什么两个孩子的特别时光要分开呢？为什么不能放在一起玩呢？"

这是一个很好的问题。这是为了保证特别时光的专属感。当我们和另一半约会的时候，我们希望有第三个人出现做电灯泡吗？那么孩子期盼的特别时光和平常三心二意陪伴他们的本质区别在于，那一段时间我们都在。孩子并不贪婪，一天中有半小时我们百分之百全身心陪伴的特别时光，孩子就能满足。在这个意义上，回想在我们面前心不在焉的另一半让我们有多生气，孩子也有类似的感受，当然会在你分心的时候，不停大嚷求关注了。

你傍晚陪孩子们玩耍的时候，还在处理工作？一边是"爸爸妈妈，你快来”，一边是找不到断点的工作。恼火的是工作做不完，孩子们也因为我们的心不在焉而不依不饶。

如果你作为正在被这样三心二意陪伴的孩子，你的感受如何？你感觉手机和自己究竟谁更重要？如果你是被爸爸妈妈全神贯注陪伴的孩子，你的感受如何？你感觉自己和手机究竟谁更重要？这个陪伴是专属特别的吗？就像我们当年和另一半约会，在约会的时候，对方频频看手机，我们会怀疑对方是不是真的在乎这段时光和我们的关系，孩子几乎也是一样的感受。

如果提前安排好和孩子的特别时光，孩子感受到了短短 10 分钟里妈妈全然在那里陪伴的爱，也会更能理解，在妈妈不在的时间过后，还会有下一段妈妈陪伴他的特别时光。同时，我也知道了我有陪孩子的时间躺在那里，因而能安心忙工作，一心一意，提升了工作效率，自然有心情来做对于工作中的我最重要的那件事。

特别时光第三原则：仪式感。

和孩子的特别时光不是随意安排的陪伴，而是经过一本正经的讨论和约定，最好和孩子记下你们的约定时间、地点、活动项目和道具，设计有仪式感的开场和结束。孩子需要的不是随意的安排，而是诚心诚意的关注。

特别时光第四原则：宁缺毋滥。

如果工作一天，我们很疲惫，与其强打着精神陪伴孩子，不如坦诚请其他家庭成员帮忙，并告诉孩子：“妈妈今天很疲惫，需要自己待一会儿，等我准备好了，再来找你！”

有一种奢侈品，叫爸爸

在女儿幼儿园的门口，我总会看到一位外籍爸爸准时等着他的孩子，很高的海拔，在女人堆里，极为显眼。

“你不工作吗？”老人总是好奇地打听。

“工作。”他总是操着不流利的中文应着。

偶尔，他也会看电脑，接电话，但看到孩子过来的时候，总是立马关上电脑，挂掉电话，高大的身躯总会蹲下来，等他的孩子跑到怀里。

我发现，对一个女人，最有杀伤力的男性魅力，居然是爸爸带孩子的美。

后来，和他熟络了，聊到这个话题。他问我：“为什么中国餐馆里、学校门口、游乐场都是妈妈和老人陪孩子，中国的爸爸去哪儿了？”我有点不知道怎么解释，正在苦笑。他恍然大悟：“我明白了，怪不得《爸爸去哪儿》那么受欢迎。”

如果环视中国带孩子的家庭成员结构，我们会看到一个惊人的事实，那就是：中国的爸爸去哪儿了？

是呀，中国的爸爸去哪儿了呢？一定没有闲着，一定在祖国大好山河的各个角落为小家庭而奋斗，一定在绵绵不绝的会议中轮番苦战，一定在出差的间歇还抓耳挠腮给孩子买别出心裁的礼物……

孩子的爸爸，也许在远方，或在咫尺之外的“远方”。

“看孩子是女人的事，好不好？”

“因为孩子去向领导请假，不好吧？”

“爸爸回完这条微信，别闹。”

“快快，快去找你妈。”

“别人家的爸爸不都很忙吗？”

中国的爸爸，在顶半边天的中国女人和能干吃苦的中国老人面前，被挤没了位置。否则，谁愿意主动做一个缺位的爸爸？

被舆论逼走的全职爸爸

搬家之前，在大女儿刚出生后，我们小区院里，有一位同样醒目的爸爸带孩子。

带了没多久，我发现，带孩子的爸爸换成了奶奶。我有点失落，难得看到的一抹绿色也沦陷了，小区彻底变成妈妈和老人带孩子的天下。

一直纳闷，为什么爸爸不见了呢？直到一天带孩子时听到小区里老人和保姆们聊天，我才明白。

“你看看原来安娜的爸爸老在咱小区带孩子，是不是失业了？”

“好像是专门陪孩子。”

“谁信呀？”

“肯定工作不好，不好意思说。”

安娜爸爸提早下班回来，正好路过，一脸通红，匆匆离开。

我愿意相信，安娜爸爸是因为想陪伴孩子而留下来的，有点遗憾的是，“小社会”的舆论不愿意相信。

口水中挺起脊梁的全职爸爸

我大学很好的男性朋友，在女儿出生后，也成了一名全职爸爸。大学老拉着我出来聊事业梦想的他，在家安心带孩子，坦然在朋友圈晒娃。

看着他朋友圈晒的“喂女儿吃饭”“带女儿去接妈妈下班”的系列温馨照片，我觉得这是他的人生梦想最重要的一部分。

还好他是一个内心足够强大的男子，在街坊邻里的口水里，他挺直脊梁不卑不亢，继续做着全职爸爸。别人问他，为什么当全职爸爸？他说，我在女儿小时候为她准备一个强大的软件操作系统，让她一辈子升级无忧。而女儿上幼儿园后，爸爸的事业也顺利起步。

缺少爸爸的童年追不回来

小时候，我和爸爸单独的合影几乎为零。这意味着我几乎是跟着妈妈长大的，在我成长的过程中，几乎所有的重要时刻爸爸都不在，都在上班、出差、加班。虽然爸爸物质上的确养育了我，但是在精神上，总觉得缺少很多，遇到重大人生决策，从来没有男性思维和力量的协助。模糊记得他给我讲过两个故事，买过两双鞋，这成了我对父爱的有限理解。

当成人后走向社会，尤其是开始恋爱的时候，我才发现我对男人的思维和逻辑理解得很粗浅，一点都不懂在男性的世界里是如何思考问题的，更不知如何相处。

也许因为极度缺少爸爸的陪伴，我格外在意我的爱人是否陪我的孩子。而这一点，构成了我和爱人在有孩子之后最大的矛盾点。在结婚之前，我根本理解不了叫男人的动物是如何看世界的，只知道脑海中有八车道的女人，碰到了两车道的男人，根本没有办法全速行车。而如果作为两个性别代表之一的男性一直缺席，会有什么样的后果呢？

德国哲学家弗洛姆认为：父亲虽不能代表自然界，却代表着人类存在的另一极，那就是思想的世界、科学技术的世界、法律和秩序的世界、阅历和冒险的世界。

一个男人最伟岸的时刻，是驰骋沙场的豪情万丈？是取得了某种社会成就？是获得了几位数的财富？在我的眼中，男人最伟岸的时刻，就是作为一个父亲，放下所有忙的借口，愿意为孩子停下来展露哪怕一秒的柔情。

因为创办学校的关系，我总是能够接触到形形色色的中国家庭。虽然家庭各不相同，但是在接待他们的时候发现一个共同点：老人们在孩子的旁边贴身陪伴，妈妈们在关切地询问孩子的问题，而几乎所有的爸爸，都远远坐在等候区，看着他们的手机。

被手机“抓”走的爸爸

安妮妈妈是一位让人钦佩的全职妈妈，对孩子的教育非常重视，问了我很多关于孩子教育的问题。

在她的请求下，安妮爸爸被拉起来看看我们的环境。只看了几眼，在我和妈妈说话的间隙，爸爸又低头重新看起了手机。

妈妈无奈的表情，我至今清晰记得。

被手机“抓”走的爸爸，不是孩子的戏言，而是现在中国社会让人最心痛的事实。

我相信玩手机游戏、不负责任、不管孩子的爸爸绝对是少数。那么大多数爸爸那么忙碌是为了什么呢？大多数爸爸并非自私，这么忙碌无非为了给妻儿一个安稳殷实的家。

尽管天下的妈妈们理解，但我们还是会无奈地发问，真的在辛苦打拼的同时，就无法兼顾一个孩子，哪怕一分一秒？

当这样的现状碰到全面放开的二胎政策，一个有意思的现象发生了。

爸爸看孩子，我就生

在家长课上，每逢二胎话题，讨论就极为激烈。生不生二胎，成了让妈妈们纠结的问题，而瑞巴卡妈妈一语中的：“孩子爸爸要看孩子，我就生二胎，否则想都别想！”

穷尽所有生二胎的优劣势分析，我们恐怕也无法做出最终的选择。

因为，我们无法同时拥有两种生活，让我们在生命的尽头去比对。而爸爸的缺席成了不要二胎的第一大决定性因素。

澳大利亚国家父亲研究组织发起人理查德·弗莱彻在《爸爸陪你长大》中写道："婴儿和爸爸在一起的时候，身体的反应是不同的。他们在妈妈身边时动作很温柔，手指头、脚指头慢慢地伸向妈妈，他们的表情很平静。但婴儿和爸爸在一起的时候动作很激烈，肌肉紧张，动作幅度大，生气勃勃，眉毛上挑，张着嘴巴笑眯眯的，好像对爸爸充满了期待，手指、脚趾、胳膊和腿频繁地伸向爸爸。"

不仅孩子跟爸爸在一起发生了改变，爸爸和孩子在一起也发生了改变。

没有人质疑爸爸对孩子的爱，但是爱孩子这件事被排在了其他事情后面，所以爸爸总是很忙。环顾一下周围，看看我们的孩子们都是由谁陪伴的?

本应该享受退休时光的老人、不太懂教育的育儿嫂，和愿意全职但是也需要帮助的妈妈们。

如果没有父亲的精神哺育，中国的孩子会有多么可怜！

如果说母亲的乳汁和辛劳在生理上哺育了孩子，那么父亲要花时间花精力在精神上哺育孩子。

爸爸给孩子的是看不见的乳汁，这乳汁里面满是笃定、坚强和果敢。正像哺乳帮助产后妈妈恢复子宫的神奇的大自然回馈机制一样，爸爸的精神哺乳也在反哺自己的"子宫"，男人的"子宫"就是孩子给我们带来的对于人生终极意义的重新思考和伴随的责任感。父亲的精神哺育是双向的，孩子因父亲的精神哺育而获得来自男性世界的信息和能量，而父亲也因孩子产生厚重的责任感。没有什么比成为一个父亲，更让他的肩膀宽厚。

我不想用一个个危言耸听的后果来传递自责和内疚，如“情绪易激惹”“胆小”“规则意识薄弱”“没有安全感”“缺少大局观”，但我看到了父亲精神哺育和陪伴多的孩子，“情绪更稳定”“更勇敢”“更有安全感”“大局和规则意识强”。更为重要的是，男性的存在对家庭必不可少，并不单指生理上的，随着社会的发展，心理上的作用更强。

如果有一天《爸爸去哪儿》《爸爸回来了》之类的电视节目不再流行了，我们的爸爸陪伴孩子成为生活常态，就是中国爸爸崛起的那一天。

我问孩子爸爸：“你不是说男儿志在四方，现在怎么有时间陪孩子？”

“我已经错过了第一个孩子的成长，不想再错过第二个。”其实，我心里知道，他一直自责大女儿的情绪易激惹是他前三年的缺席造成的。

他说：“孩子需要父亲，需要精神哺育。”

美国杨百翰大学家庭研究中心的萨拉·艾伦教授做过一个有趣的调查，调查对象是分布在美国五个城市的职业女性。她发现，有近21%的女性比其他女性每天多做1小时家务，有趣的是，同时她们的配偶参与育儿的时间每天比其他女性的配偶少1.6小时。她把这类妈妈叫作守门员妈妈。

守门员妈妈认为自己在育儿上比孩子爸爸更有能力，她们变成了孩子的最后一道防线。守门员妈妈守在球门口，爸爸本来想带球射门，却因为球技不行被拦下。

“尿不湿正反都不知道，算了算了，我来吧！”

“太危险，你别老带孩子玩这个，来，上妈妈这儿来！”

天下没有哪一个守门员妈妈，是故意成为爸爸育儿的拦路虎的，然而一心为孩子好，不放心、全权包办的行为就让爸爸离孩子的距离越来越远。

除了妈妈以外，不放心不放手的老人因为心疼儿子或不放心女婿，也和家里的妈妈一起，成为守门员。

“照顾孩子是我们女人的活儿，你不用干！”

“他照顾孩子我不放心，还是我来吧！”

爸爸本来因为没有十月怀胎时和孩子的亲密经历，从生理上需要更多的时间进入爸爸的角色，而守门员妈妈和老人，让爸爸靠近球门的机会越来越少。

没有机会练球，球技自然越来越差，没有鼓励和信任，只有批评和担心，也打击了爸爸射门成为超级奶爸的积极性。

一个能干并且护犊子的老人会废了一个充满热情的新手爸爸。一个大包大揽并且抱怨连篇的女人会浇灭一个新手爸爸的育儿热情。

世间哪有爸爸不想和孩子互动的道理呢？

爸爸们很冤，他们很想帮忙，却怎么都帮不上忙，因为没做过不放心，因为做不好不放心。

后来，我问米来爸爸，为什么我们第一个孩子小米的降生，他没怎么参与？

“印象中第一次给女儿穿尿不湿，因为搞不清正反，反复掂量，却被老婆大人一把夺了过去，觉得自己不是一个会照顾孩子的爸爸，下一次换尿不湿就发怵。”老公这样一说，我想起那段孩子刚出生的日子，我们总是嫌弃老公笨手笨脚，言语上也有抱怨。

那该怎么办？

给老公植入一个“我会照顾孩子”的信念？和老公吵架其实就是为了老公能够改变这个信念。但是通过吵架来改变他的信念，我试过了，没用！因为没有哪一个人可以给另外一个人轻易植入一个信念，当然《盗梦空间》里的造梦大师除外。

那么，给老公做一个开颅手术，重新搭一下老公诠释的线路，让他不要诠释成自己不擅长？和老公吵架基本都是为了纠正这个诠释，通过吵架来改变他的诠释，我同样试过了，依旧没用！因为没有哪一个人可以控制另外一个人的思想。

跟老公在行为上硬掰？新社会中，没有谁能强迫谁做什么。

束手无策中，我发现一个聪明的笨方法。

那该怎么办？就是从老公的感知出发。如果他感知到的不是我从他手中夺走尿不湿的挫败感，而是我的等待和鼓励，如果老公在给孩子换尿不湿这件事情上有了成就感，下一次也许不用我们喊，他会第一个冲上去做这件事情。

遗憾的是，我到第二个孩子的时候，才明白这个道理。

我曾经也是这样打击孩子爸爸在育儿上的积极性的，所以直到大女儿快 3 岁，爸爸都没有办法带孩子单独玩一会儿，爸爸在我们眼中是不喜欢带孩子的。直到我们决定生二胎，因为家里人手不够，忙不过来，无奈放手给爸爸，结果爸爸无一例外都在惊险中完成了，并且带孩子的技术进步得越来越快。

爸爸的华丽转身比我们想象得要快，从一个“弄不清尿不湿的正反、搞不清楚抱孩子的姿势”的爸爸成长为一个“独立哄睡老二、单独带老大出去玩一天”的超级奶爸，最先需要打破的就是妈妈的刻板印象。

我感慨，不是爱人一夜领悟好爸爸秘籍，而是意外的二胎给了我们等等慢热爸爸的机会。而在此之前，我们一直都在催促、埋怨、监工和批评。

刚当爸爸时，老公特别热衷陪孩子，但是陪孩子一会儿，老公总是会被手机带跑，尽管他很想，但很难在旁边待很长时间。反复几次，我变得不耐烦：“为什么你在孩子身边待不住？”

老公无辜地抬头看着我："我不是在陪吗？"

如果把陪孩子设定为一个任务，那么监工的女人很累，执行的男人更累，自然能听出从女人口中蹦出的"陪孩子"这三个字浓烈的火药味道。有点像包工头和工人，包工头总是盯着工人干活的时间够不够，干活认不认真。

这不是一种平等的夫妻关系，而是上下级或甲方乙方的关系。我们把陪孩子这件大事凌驾于夫妻关系上，爱人在感觉不好的情况下，会不会因为我们的责备产生逆反心理，干脆不陪了？

相信大自然不会只赋予女人母爱的本能，同样也会赋予男人父爱的本能，之所以孩子爬不上父爱的山，是不是作为女人的我们，没有给男人形成父爱这座山的机会？

我问孩子爸爸："你的成就感会来自陪孩子吗？"

冷静下来的他笃定地告诉我："那是责任，好像不是成就感！"

女人更多依靠幸福寻找价值感，男人更多依靠成就找到价值感。如果男人在育儿这件事情上找不到成就感，用尽各种方法，也没有办法让爸爸参与到育儿过程中。所以没有什么比让爸爸找到成就感更容易实现精神反哺的。

如何帮助爸爸找到成就感？是我们安排好一切，让他们作为一个男一号出演温馨亲子剧？还是让爸爸自己做编剧、导演，制作爸爸也有成就感的电影？

答案不言而喻，男人多会选择后者。

1919 年，鲁迅先生说出了"我们现在怎样做父亲""极伟大的要紧的事，也是一件极困苦艰难的事"。百年之后，当我们步入为人父母的时间洪流中，依旧在鲁迅先生的命题设定中。

鼓励爸爸育儿的四个妙招

鼓励爸爸育儿的第一个妙招，“忍住嘴巴”。

米来爸爸，算是一个彻头彻尾的大忙人爸爸。大女儿出生后的第三天，创业初期的他就开始频繁出差。出差1个月，女儿满月了。再出差，再回来，女儿就这么长大了。直到我们想要老二，他才勉强将出差的时间从1个月缩短到几天。第二个孩子的出生，他像是第一次当爸爸，弄不清尿不湿的正反，搞不清楚抱孩子的姿势，甚至在医院病房里，搂着孩子累得睡着了，旁边的小护士怕孩子掉到地上，义务帮我们抱了一晚上。

手忙脚乱的他有时候急得满头大汗。因为刚生产完，没有其他人帮忙，我只能忍住想挑毛病的嘴巴嚅动的冲动，任由他来做，心里祈祷：“只要不把孩子弄到地上，我绝不多嘴！”

我从来没有想过这一天，油瓶倒了不扶的他竟然可以成为一个独立带小儿子睡觉的超级奶爸，哪怕我不出差、不出门，他也会哄睡老二。就连我在家的周六或周日，他也要独自带大女儿出去玩上一天。谁知生二胎的意外收获和超级奶爸的秘诀，都在于当年在医院因为无人帮忙而忍住了的唠叨。

一堆唠叨会抹杀一个男人所有美好的意愿。

鼓励爸爸育儿的第二个妙招，“装病偷懒”。

一位妈妈在家长课戏称，调动爸爸加入育儿的二字秘诀，装病。有时候身体不舒服就别硬挺了，干脆夸张一点休息吧。休息之后，发现爸爸开始带孩子，并且带得也很好。如果我们一直是铁人妈妈的形象，爸爸又怎么能找到带孩子的成就感呢？

老公在老二出生之前，几乎从未单独照顾过孩子。因为坐月子，我实在没有办法陪老大出去玩，这个重担自然就落在老公身上。第一次老公带老大出去玩，我忐忑不安地满地溜达，担心孩子下车被门碰到，担心在商场里孩子不见了，担心爸爸忘记提醒女儿上卫生间而尿裤子。可3小时后回来，女儿毫发无伤，还活蹦乱跳，爸爸也一脸成就感。唉，原来是我一个人多虑了。

爸爸有机会照顾孩子，获得成就感，而妈妈背上也可以少一只猴子，专心休养身体，何乐而不为呢？

偶尔诚实面对自己疲劳的状态，不是推脱责任的懒惰，而是给爸爸一个带球射门的机会。

鼓励爸爸育儿的第三个妙招，“示弱崇拜”。

每逢周末，米来爸爸独自带女儿出去玩的时候，总会碰到其他妈妈的羡慕眼光：“你自己带孩子？”他轻描淡写但掩盖不住得意地说：“是呀！”

其他妈妈随后转头对身边自己低头看手机的老公说：“你看看人家，爸爸自己带孩子，你就知道玩手机！”

米来爸爸每次给我讲这些故事，都是满满的自豪。炫耀后，下周不用谁催他，他一定主动带孩子们出去玩。而我总是当着他的面对他的朋友戏称：“在带孩子这件事情上，爸爸比妈妈强，我很崇拜他！”

一个男人需要一个女人的敬仰，哪怕在育儿这件琐事上。

鼓励爸爸育儿的第四个妙招，“降低标准”。

家里又不是要通过ISO认证，没做好的小事不必上纲上线到“不是一个好爸爸”的道德评判上。躺着也中枪的爸爸们需要一个符合他们实际情况的预期。家长课上，爱莎妈妈补充：“没错，比如爸爸给孩子穿衣服，我如果喋喋不休说哪里没弄好，爸爸下次肯定躲得远远的，我看得到哪里不平整，但是要忍住想挑剔的嘴巴嚅动的冲动，绽放微笑。”

真正的女强人，不是表面的彪悍，而是内心的强大，能够示弱，给落后的爸爸一个迎头赶上的鼓励，而不是扬言“你怎么跟不上”的颐指气使和气急败坏。

忍住嘴巴、装病偷懒、示弱崇拜、降低标准，这四个妙招，道出了爸爸们真正需要的，是我们仰望他们的伟岸，尊敬他们的强大。作为与男人平等的女人，我们如何理解强大取决于我们是否能够调动男人们参与育儿。

当男人找到成就感的时候，就像斯金纳的小白鼠产生了操作性条件反射，他下一次一定会这样做。美国心理学家斯金纳于 1948 年做了一个这样的实验：在一个箱子里放进一只饥饿的白鼠，在箱子里面设置一个杠杆，白鼠可在箱内自由活动。当它无意中碰到杠杆时，就会有一团食物掉进箱子下方的盘中，白鼠就能吃到食物。白鼠经过几次实验后，迅速学会了径直跑向杠杆，一次次重复这个行为，这就是操作性的条件反射。

爸爸们在养育孩子上的挫败感和白鼠的饥饿并无本质的区别，每一次妻子和老人的奚落和不耐烦，都如同在他们饥肠辘辘的胃里又戳了一个洞，让他们找不到任何饱腹的成就感。

而米来爸爸在面临家中第二个小生命降临、人手不够用、赶鸭子上架的混乱中，如同白鼠一样无意中撞到了杠杆，撬动了成就感，尝到了甜头，他一定会再次径直跑向杠杆，一次次重复这个行为。

真正的强大不是恃强凌弱的颐指气使，是可以调动周围的人一起强大。而调动周围的人一起强大看似遥远，却正是管理学告诉我们的领导力。女性领导力并非只有女领导干部和女性企业家才有的，你没看错，一个家庭中，妈妈都具备领导力。

鼓励爸爸参与育儿的四个妙招背后，离不开妈妈的努力。

时间，是最稀缺的爱

明明知道晚睡不好，可还是拿着手机刷微信，熬夜到凌晨三四点，我多么希望多一点时间陪孩子，却忍不住在最近流行的电视剧上又花了好多时间。如果没有时间管理能力，我们也没有表达爱的能力。

孩子肉嘟嘟的笑脸挤出第一声“妈妈”，我们清晰地记得那个场景——兴奋的我抓住爱人的手，忍不住大声喊：“你看，孩子会叫妈妈了！”要向全世界奔走相告的我兴奋得跳了起来。初为人母的有段时间，我特别享受妈妈这个称呼，会有事没事、想尽办法，让孩子叫我妈妈，每一次听到世界上所有语言通用的“妈妈”两个音，心里都有暖意的涟漪，自豪得波光粼粼。

然而不记得何时开始，孩子呼唤妈妈不再让我激动。

“妈妈，我才不穿这件衣服！我要穿那件小熊的。”女儿上学前，妈妈这两个字如同惊雷，在头顶炸响。

“妈妈，我要吃冰激凌！”放学回来，路上碰到什么都要买，各种央求前面都会捎上那个曾经让你如此兴奋、现在却如此令人充满挫败感的称呼——妈妈。

“妈妈，弟弟为什么能抱呢，我也要抱抱。妈妈，弟弟喝奶，我也要喝！”在二胎家庭格外需要引起关注的老大，把妈妈这个词又一次作为撒手锏亮了出来。

当疲劳时，再听到没完没了的“妈妈”的呼喊，我开始有一点点烦，如同餐桌角落里标配的白馒头，平淡得让人没有丝毫的食欲。

如果管理不好时间，疲于奔命，我们体会不到为人父母的快乐，孩子也感觉不到父母的关爱。**时间管理除了决定自己是否高效，也影响了爱的表达**。我多么希望每天多一些时间，追得上远大的目标，够得着别人的期望，留点时间表达对孩子的爱。

时间是最稀缺的爱

残酷的是，在时间面前人人平等。

如果我们的时间总是被琐事占用，那我们永远也无法开始重要的事，就会把重要的事拖成紧急的事，就成了灭火队员，到处赶场灭火，根本没时间、没心情去表达我们对孩子的爱。

我们之前对如何陪孩子也有严重的误解。

大多数下班回家的父母，看到孩子在家安静地吸吮手指。一天没看到孩子的父母兴奋地将他高举过头顶，本以为他也会同样兴奋，谁知小家伙先是蹬腿抗议，随后索性哇哇大哭，留下摸不着头脑的大人站在原地。我们以为大人陪孩子玩就应该是这种玩法。

美国婴儿早教专家玛格达·格伯女士认为陪伴孩子的时间应该分为以下两类：有目的时间和无目的时间。

在有目的时间里，我们和孩子进行一些目的明确的活动，这些互动都是与照顾他们有关的，如洗澡、刷牙、穿衣、换尿不湿、吃饭等。照顾孩子的过程，本身就是在教育孩子，而教育孩子的过程，也是照顾孩子，这称为保育及教育相结合的方式。不仅陪孩子说英文、看闪卡是教育，我们给他换尿不湿也是教育。

场景一：A 宝宝被大人拖拽着双腿，被强按住快速套上了尿不湿。

场景二：B 宝宝看到大人的脸和眼睛，继而听到一个声音："我要给你换尿不湿。"随即每一次大人移动他的身体，他都能听得到温柔的预告。

A 宝宝和 B 宝宝，哪一个感受更好？

他们对自己和这个世界会有什么不同的判断？B 宝宝会觉得自己更值得被爱，自己对于这个世界是更重要的，"我是如此温柔地被爱着"。

在婴幼儿时期，由于受心理发展水平的限制，他们不能对自己进行独立、客观的评价，会根据生活中的"重要他人"，通常是父母，对自己的态度和评价形成自我认识。孩子生活中"重要他人"的评价与态度，直接影响着他们自我价值感的发展。一个人通过他人的反馈来形成关于自我的"镜子"，美国社会心理学家库利称之为"镜像自我"。

在这个意义上说，**不是陪孩子疯玩，才是陪伴孩子，照顾他们的过程，也是我们表达爱、教育他们的过程。**

大家听到这里，恍然大悟，平常都是让家里的老人和阿姨去照顾孩子的，时间有限，自己就外包了照顾孩子这些看似琐碎的事，但这里面竟蕴藏着这么大的学问。

职业技能培训市场规模巨大，诞生了多少行业的翘楚，引领着迷茫的职场人更清晰地规划职业生涯。但是，父母作为世界上最具挑战性的职业之一，却没有任何职业培训就上岗了。如果养育孩子是驾驶汽车，那么我们是在进行一场没有驾照的危险驾驶。

不是有孩子的生活让我们害怕，是因为我们没有提前进行专业学习。学习先进的婴幼儿教育理念之后我们才发现，原来，我们照顾孩子的时间如此重要。

在玛格达·格伯看来，另一类时间是无目的时间，是孩子不受打扰、自主玩耍的时间。

“这个不能吃！”“那个不能拿，危险！”“这个脏！”

我们有了陪伴孩子的时间，可真正在陪伴孩子时，我们又变成了纠察员的角色。

孩子们本来玩得兴致勃勃，一次次被大人生硬的语言打断，哼哼唧唧老是假哭。我们不是不知道陪伴孩子的重要性，但我们一陪伴孩子，就身心俱疲。因为我们根本不知道如何通过陪伴孩子，来表达我们的爱。

传统的教育，只有大人和儿童的二元关系。比如作为一个被标准传统教育养大的曾经的孩子，回想背着手，坐着小板凳，听着大人一步步的指令，我时而溜号，时而无聊，时而恐慌，时而虚荣。永远觉得大人是不可逾越的权威，哪怕被打，也觉得是以大欺小的世间常态。大人是孩子的绝对权威。做得对，大人表扬，做得不对，大人批评。如果因为打碎一个奶瓶，呵斥孩子再也不敢自己拿奶瓶，孩子的好奇心也就值这个奶瓶的价格，如果这样事事都要听大人的，孩子也不会真的喜欢。

传承百年的蒙台梭利教育法给了我新的思路，与其在传统的二元对立的亲子关系沉沦或反抗，不如引入第三个变量——环境，大人不直接对孩子发号施令、行使表扬或批评的权力，而是为孩子预备一个有准备的环境，孩子有天生的好奇心，他们可以通过和环境的互动，在环境中自主探索学习，而大人扮演预备环境、有必要时协助和全程观察的角色，而非纠察员、命令者、表扬者、批评者。

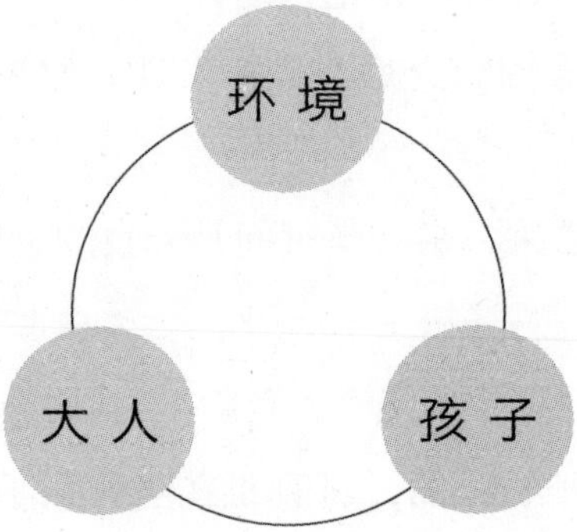

陪孩子的第一个角色，环境预备者。

场景一：

如果我把一个13个月的学步幼儿放在一个有茶几、有绿色植物、有水杯的成人式客厅，会发生什么情况？他会把茶几上的水杯拿起摔下，不停抽茶几的面巾纸，不断扯茶几绿色植物的叶子。

在这样的环境中，我们可以很惬意地陪伴他吗？一定不会，他做每一个动作，我们都会跟过去发指令，比如“不要碰”“不要拿”“不要拽”。孩子本来充满好奇，想东摸摸，西看看，结果一次次被大人生硬的语言打断，只能哼哼唧唧不停哭闹。

场景二：

我把茶几附近不适合他这个年龄触碰的东西全都拿走，如细小物品、尖锐物品、可吞咽的小物品，放上了专门用来让他撕的废纸和专门让他抠的、带小孔的废旧布料。

再来一轮，神奇的事情发生了。我让自己静音，惬意地坐在茶几边不远的小椅子上，看着儿子专注忙乎着，一会儿撕纸，一会儿抠洞，乐得合不拢嘴。

我长舒了一口气，给孩子一个有准备的、无叨扰、无指责的环境，胜过万千指令。

在阅读本书的你，环视一下家中的环境，请你观察，依据你对孩子的了解，这是不是一个有利于你陪伴孩子的环境呢？________

如果不是，你要做哪三个调整？

调整 1________________________（　月　日　时前完成）

调整 2________________________（　月　日　时前完成）

调整 3________________________（　月　日　时前完成）

陪孩子的第二个角色，当孩子需要时的协助者、孩子不需要时的观察者。

场景一：

大人陪孩子的时候，就像开了一台声音很大的电视机。

“快点！”“小心！”“小声！”“别动！”……不停的声音，听得人头大。

尤其是当孩子们做了一些不太合乎规范的事情时——

“怎么又这样，跟你说了一百次，你还是这样！”

“刚才和你说过，你看看，现在这样了吧！”

“谁让你刚才不去的，现在要去会浪费很多时间。”

……

就像我们的老板每天在耳边不停地对我们发号施令，又不停地批评抱怨，我们是什么感觉？一开始，我们还能注意到说的是什么，慢慢就自动过滤一些不爱听的内容。

场景二：

如果施加一个魔法，仿佛拿起遥控器，对着大人们按下静音键，开启静音模式，坐在角落里，看着这个独特的小人儿是如何展现他的生命的，客观记录孩子的行为，不搭救，不干涉，只是静静观察，做一会儿安静、倾听、好奇的观察型妈妈，我们会发现不一样的孩子。

在所创办学校的大小共学的课上，与传统上课方式不同，我们把教室还给孩子，让孩子在精心预备的教室环境中自由探索。我们给陪着上课的爸爸妈妈或老人每人发了一张观察表格，让他们在孩子自由探索的90分钟里填写“从孩子身上学习到的那些事情”，而不是那些特别容易下的判断，“不愿意分享”“进入打人敏感期”“怎么遇到小事总是发脾气”。好像一句话的判断说完了，孩子这辈子就定型了。之后的若干次，我们都是在印证这样的结论，如“你看看，我就说，这孩子脾气就是大”“什么时候能长记性”“你呀，跟你爸一个毛病”。

如果有机会来录10分钟我们和孩子互动的声音，这10分钟是充满了不停发号施令、唠叨批评的声音？还是我们和孩子愉悦互动的欢笑声？

而孩子真的有我们想象中那么需要我们吗？或者我们真的有必要在每一个环节都加上我们的论断——“太难了”“太慢了”“太脏了”吗？

中国家长更擅长“观察”孩子的缺点，归根到底是我们对孩子的期望在作祟。憧憬太美，但却在现实里看到了一个不符合期望的孩子，那么孩子是为了我们的期望定制的高级服装吗？是满足我们儿时梦想的一个工具吗？还是一个经由我们而来，但却需要走他们自己的路的独立的人？

有时候很难区分，究竟在父母的心里，哪个是父母对孩子的期望，哪个是真正的孩子。在浩荡的期望洪流里，有时候找不到自己，也看不到真正的孩子。

所以，我们说，跳芭蕾多优雅呀，考第一多有面子啊，说英语多时髦啊，其实这背后，都是我们在把对自己的不满意和不接纳投射到孩子身上。我们的行为和态度无时无刻不在影响孩子。天下没有哪一个孩子不爱父母，没有哪一个孩子不希望满足爸爸妈妈的期望，可是在满足爸爸妈妈的期望之前，有一件更重要的大事让孩子们矛盾，这件大事就是——让我做自己！

世界上最严酷的惩罚就是不让我成为我自己。而不让孩子独立，是教育的灾难。

爸爸妈妈陪伴时，要挖掘孩子的潜力，然后坐在旁边，让我们成为他人生舞台下的小粉丝，而不是导演和编剧。要帮助孩子成为他自己。

如果不提前学习一些陪伴孩子的方法，我们的陪伴传递的并不是爱，我们让孩子学到的也不是独立。让我们从静音 10 分钟陪孩子开始，做一个他需要时的协助者、他不需要时的“无为”的观察者。

时间是最稀缺的爱，我们如何分配时间，就是我们如何投资爱。

如何平衡事业和家庭?

妈妈这条小船，说翻就翻，我不明白我为什么养孩子？我和爱人究竟应该如何分工合作？我怎么在当了妈妈之后依旧能做自己？我到底想过什么样的生活？是要做一个全职妈妈，还是为了自己，回归职场？

终于等到孩子上幼儿园的年龄，把孩子送到幼儿园后，长舒了一口气，无比兴奋的表情搭配紧皱的眉心，有些矛盾。

“我终于有自己的时间做自己的事情，可是老公对我的要求是做一名优雅的全职妈妈。老公说，你又不用奔波上班，在家待着什么都有，还有什么不满意的？折腾什么？”

她只能偷偷地做自己喜欢的事情。我知道，在她支持家庭做全职妈妈的此时此刻，她多么希望有人支持。不是只有听老公的话，才是模范妻子。如何成为一个有影响力的妈妈，不仅要做好自己的职业规划，还要做好孩子的成长规划，同时促使爸爸在精神上哺育孩子，都需要妈妈的时间管理能力。

通过时间管理，是可以平衡事业和家庭的。我酝酿两年之久，开始舍弃面子，过自己想过的生活，向我的美国老板递交了辞职报告，离开了不用坐班、薪水不菲，但是我不喜欢的工作。

年近六旬的爹妈实在不能理解，好好的一份中美两国不用花钱到处飞的工作说不要就不要了，被公司器重的同时还负责五个项目、出入国际顶尖车企总部作为培训师的光鲜说不要就不要了。非要挺着怀着二胎的大肚子站在乌烟瘴气的工地里去办一所理想中的幼儿园，非要在孕中期奔波在酷热的北京，学习家长讲师、心理咨询师、蒙台梭利课程，非要在临产前一天坐在地上喘着粗气装订听都没有听过的什么家长课学习资料，非要在生完老二坐月子结束后的第一天就回幼儿园前台服务家长，在夜间起夜四五次给老二喂奶睡眠严重不足的情况下，带着不到 2 岁半的女儿，每天开车 1 个半小时来回奔波。

幸运的是，目睹我有孩子后跌入悲观谷底的老公，一直在背后默默支持我，允许我这个疯狂的创业孕妇，在孕晚期耻骨疼得无法走路的时候，继续逞能。

我知道，这是我育儿时代的明治维新，这是我作为妈妈的改革开放，这是我作为一个女人的重生。

平衡事业和家庭最重要的原则，是要放弃对两个角色的完美期待，我们不可能每一个角色都得 100 分。

如果给你的多个角色从 0—100 打分，你会给现在的自己打多少分？

当妻子，你得________分

当妈妈，你得________分

当员工，你得________分

当女儿，你得________分

当朋友，你得________分

明年，你希望你作为这些角色，提升到多少分？

当妻子，你希望提升到________分

当妈妈，你希望提升到________分

当员工，你希望提升到________分

当女儿，你希望提升到________分

当朋友，你希望提升到________分

从今晚开始，你最想提升哪一个角色的分数？____________

对于这个角色，最重要的一件事是什么？____________

你希望预留哪一段时间（精确到分钟）来做这件重要的事？________

监督人________

好！现在请发信息告诉你的监督人，你即将要做的这件重要的事和你的预留时间，如果没做到，你会给他发一个 100 元的红包。

男同学约我吃饭，一见面忍不住和盘托出他这次的意图，希望我作为过来人劝劝他的爱人——焦虑无比的备孕妈妈。

“是不是要准备辞职了？听说孩子前三年特别重要。”

“是不是要换房子？现在住的小区没有宝宝，以后孩子没有玩伴！”

“我周围好几个朋友都有流产经历，如果我也这样怎么办？”

孩子之于女人，是一份不能退货的责任。为另外一个小生命负一生的责任，的确是一个不能轻易做的抉择。尤其对于独生子女一代的“80后”和“90后”，几乎很少有机会照顾兄弟姐妹的我们，不太清楚一个家庭为另外一个家庭成员的付出意味着什么，甚至毫不夸张地说，我们这一代的成人有时还是一个长不大的孩子。我们热衷于让小朋友喊“姐姐”而不是“阿姨”，更喜欢过轻松快乐的六一儿童节，连童真未泯都会成为对一个女人的最高褒奖。

与此同时，通过互联网我们会看到熊孩子的各种“英雄事迹”，听到爸爸们在控诉直线下降的生活质量，妈妈们在诉说孩子如何干扰了自己的职业发展。我们一面信誓旦旦地说，“我以后有孩子绝不这样”，一面心里咚咚打鼓，“算了，还是明年再要孩子吧”。生孩子的计划被一推再推。

大众传播有一个值得我们警醒的假象，幸福的人都忙着在享受幸福，谁会有时间、有动力在网络上宣扬有孩子之后的“悲惨”故事？“危言”才能“耸听”，不惊悚的论断抓不住看客的眼球，我们看到的有孩子之后的“悲惨”真的是事实吗？

同学的爱人听我讲有孩子的生活，我眉飞色舞，正在兴头上，却发现她眼圈红了，停下来不说话了。“你身上散发的都是当妈的幸福！”她淡淡地说，“让我忍不住也想要一个孩子。”比同龄人更早当妈妈，让我有机会可以作为过来人去影响周围的女性朋友下决心要一个小孩。我那些未育的闺密来家里探望刚出生的女儿。抱着胖嘟嘟的宝宝，闺密说，孩子好可爱！“那你也来一个吧！”她突然一脸严肃地说：“我喜欢孩子，但我怕当妈！”

我也怕过。早期的孕吐像是身体无言的抗议——觉得孩子终结了我文艺女青年的生涯，再也没办法看午夜电影，喝下午花茶，告别了我当徐霞客周游世界的梦想，再也没有一场说走就走的旅行，好像所有美好优雅的形象都远离了我，对爱人有点愤恨，郁郁寡欢。直到女儿出生后一点点用那憨憨的笑和肉乎乎的拥抱，慢慢化解了我的怕。我花了一年半的时间，才开始敢做妈妈。世界上没有哪一个女人，是完全准备好了才当妈妈的，所以，决定当妈妈是一次鼓起勇气的冒险之旅，永远没有完美时刻。

家庭时间管理课上有一位没有孩子、却来参加上课的“90后”备孕妈妈，有孩子的人好奇地问她：“没有孩子，怎么就想来上家长课？还不去享受生活，有孩子就没机会了。”

她轻描淡写地说：“等有孩子学就太晚了。反正我想好了，这辈子还是要生小孩，人胖了可以瘦回去，但孩子的教育是不可逆的。”

她最后一句话，让我的心里久久不能平静：你是按照你活的方式想，还是按照你想的方式活？

是按照活的方式想，还是按照想的方式活，听上去很拗口的心灵鸡汤，但这是一个很严肃的价值选择，主动去迎接生活的挑战，还是被生活推着向前倒逼改变？“90后”备孕妈妈选择了后者。而更令人欣喜的是，备孕爸爸也出现在家长课上。

有多少女人担心孩子会影响自己的职业发展——一个小生命的降临会让女人的事业急刹车吗？事实真的如此吗？

我想先从我名字的由来讲起。作为一个女性，我的名字会让未曾谋面的人误认为我是一位男士，“凯”这个名字实在让人联想不到是一个女孩。小时候也会有叔叔阿姨逗我：“你妈妈是不是喜欢男孩，所以给你取这个名字？”我也一度因为这个名字自卑，甚至会听信叔叔阿姨逗我的话，以为我的妈妈想要一个儿子。而在我12岁的生日晚餐上，舅妈偷偷告诉我一个事实。

结婚很多年的她——我的妈妈，一直没有放弃过要一个孩子的梦想。从中医到西医，跑了很多地方很多年，家里的其他人都放弃了，只有她一直坚持。有一次，一位医生看到坚持不懈的妈妈，忍不住说，也许是你的子宫内膜厚，如果你愿意，做一个流产刮子宫壁的手术，也许会怀上孩子。半信半疑的妈妈将这个消息告诉家里人，全家反对，一个没有怀孕的人去刮怀孕的人才有的厚膜，要承受多么大的痛苦。但她还是背着全家一意孤行地去了。舅妈说，从家门口看着妈妈一瘸一拐地回家，那个画面，她到现在都忘不掉。她说："小凯，这辈子你可要对你的妈妈好！"

做完刮宫手术后1个月，我宣告来临。欣喜若狂的妈妈担惊受怕了10个月，她怕她的脊髓灰质炎遗传或影响我的健康。当医生宣告8斤的我健康时，妈妈那一刻像打了一场和命运的胜仗，如此开心，于是以凯旋的"凯"作为我的名字。之后的生活再苦再难，妈妈从未放弃过，当东北国企改制，员工大批下岗，我们家的经济状况捉襟见肘时，她带着我在学校对面开办了托管班，一边照顾我，一边做着小事业。转眼15年，我怀孕生子后，她跟随我来了北京，但她的学生依旧会敲我们家的门来看望妈妈，妈妈掩盖不住地自豪。

一个女人的职业绽放，正如我的妈妈，也许是在为人母之后。如果职业发展的时间跨度定为1—2年，那么百分百确定的是，生养一个孩子一定会干扰职业发展。但如果我们将职业发展的跨度延伸为3—5年以上，增添了母亲角色只会增加职业发展的可能性和延展性。所以，妈妈这个荣誉，不是掏空职业生涯的无情的手，而是给女人提供更多职业可能性的机遇。

社会普遍不太看好女性开车的能力。成为妈妈之前，我的车技已经烂到“前脚刚把爱人送到机场，后脚就能追尾一辆停止的车，然后没上飞机的爱人掉头回来帮我处理车辆前脸已经被撞坏的惨剧”。我一度很恐惧开车，直到女儿出生。经常带女儿东奔西跑的我，碰上了京城特别难打车的状况，对自己的车技恨铁不成钢。有一次女儿发烧，带她从医院回来赶上大雨，又打不着车，那一刻，我暗下决心，我要开车。

奇怪的是，因为怀孕生产暂停开车 1 年多，当女儿坐在后排座椅的那一刻，我不知从哪里吸收的灵气，突然间比有孩子之前的车技还好，没有任何刻意练习。只要女儿坐在后排座位，我就自动成为那个“胆大心细”的司机。成为妈妈后，我的进步不仅局限于开车技术，连考试能力、情绪控制能力、战略规划能力、沟通能力几乎都超越了过往 10 年的成长速度。以往参加职业技能考试，因为没有孩子，总是喜欢拖延，能等就等；而有孩子之后，时间宝贵贵如油，面对有限的时间，迸发了更多的应考策略，具备了在有限时间内抓大放小的战略能力。有了孩子后，我见到谁都很难大发雷霆，甚至连说话的语气都被熟悉的朋友赞为“温柔而有力量”。我也完全解释不清自己身上发生的神奇变化，我相信天赋本能的母爱除了会让妈妈付出以外，也必将馈赠女性等值的才华，后来我才知道那是妈妈身上才能散发的领导力魅力。

没有什么比为人母更值得人尊敬。几年前，作为美国某知名天使投资人的翻译和助理，我代表他看了很多创业项目。我这样年轻的人看项目，即便连年轻的创业者都很少重视。但当闲聊时对方知道我是一位母亲的那一刻，通常就是他们态度一百八十度急转弯的时刻，没有什么比为人母更让一个女性在职场上赢得别人的尊敬。一个母亲，代表一份责任。为人母的女性，重返职场，看到任何情绪的狂风暴雨，戏称“谁像发脾气的孩子”之后，母爱的本能让女人更容易跳出情绪的旋涡，在冷静期解决问题，在有限的时间里做出抓大放小的决策。

当我们成为母亲的时候，恰恰是我们在职业发展的长期路线图中触底反弹的最佳机遇。我们要做的是相信天赋母爱的本能给予我们的除了付出，定会有天赋妈妈角色独有的收获。

妈妈的角色不是职业生涯的终结者，反倒是职场华丽转身的新舞台。

这是事业和家庭平衡的关键，在于兼得就好，不在于完美。

任何一件事情我们沉住气，踏实干，不论是全职妈妈还是职场妈妈，我们都能在人生发展中收获机遇。重要的不是我们选择什么路，而是我们选择怎样的走路方式，是左顾右盼地张望，还是心无旁骛地坚守？

新手妈妈平衡家庭事业的六字箴言：不犹豫，不后悔。

第八章

如何带孩子进行时间管理

告诉我，孩子，你想要怎样度过你狂野而珍贵的一生？

——［美］玛丽·奥利弗

时间不等人，但可以等孩子

家庭时间管理课上，一位妈妈的发言引起大家的沉思。

“怀孕的时候，我们一家还在租房，和相处得很好的房东聊天，得知我们租的房子是她买给儿子的婚房。我问她的孩子有多大，她说，9 岁。我好奇她为什么这样早买婚房，房东说，她的儿子从出生后就被送回老家了，他们忙事业，没怎么管，到了上学的年纪接回来，看着他写作业到很晚，她扇扇子、递水果，孩子跟她还是不怎么亲，她说话他也不听。提前给他买婚房，让他知道他们对他的好，如果再选一次，宁愿事业慢一些，也要把孩子留在身边。9 岁孩子的婚房让当年怀孕的我做了一个决定，不管多累，孩子都要在我的身边。”

作为幼儿园的创办者，接待家长是我的本职工作。接待了这么多孩子和家长，我忘不了躲在窗帘后的一双怯生不安的眼睛，它属于一个 3 岁的男孩。据着急的爸爸妈妈说，他不说话，希望入园能让老师帮助孩子。他远远地矗立在那儿，小小的身躯好像向我们诉说着什么。

入园后，老师们一直在寻找孩子不说话的原因。经常接送他的是保姆，保姆寡言，又兼顾大量的家务，为了快点完成家务，保姆几乎不怎么和孩子交流，而他 24 小时的伙伴就是一台早教机。语言的发声是需要场景刺激的，当一个孩子的生活中根本没有机会说话时，他怎么可能学会说话呢？

后来，在附近的商场里，我偶然遇到他的爸爸妈妈，奇怪的是，没有看到男孩，只看到他们手中牵着的狗。而路过商场后的花园，我意外看到了保姆和他在一起，旁边还是那台早教机。那一刻，一阵悲凉从脚底钻到内心，思绪飘回了另外一个时空，那里，曾发生人类历史上已知规模最大的一次对孩子的集体忽视——罗马尼亚孤儿事件。

齐奥塞斯库主政罗马尼亚期间颁布禁止堕胎法令，强制要求罗马尼亚每个家庭至少生育 4 个孩子。几年后，大量养不起的孩子被送到了条件极差的孤儿院。1989 年，齐奥塞斯库政权被推翻后，很多欧美家庭闻讯前来收养这些可怜的孤儿。美国“布加勒斯特早期治愈计划”曾跟踪调查这些被欧美家庭收养的罗马尼亚孤儿长达 13 年。1990 年，其中 1 岁的丹尼尔被居住在美国东北部康涅狄格州的玛丽收养。在被收养前，丹尼尔从一个装奶嘴的可乐瓶中喝着液体，没有玩具的他，只能一个人玩手指，时不时撞自己的头。“我们开始以为食物和家庭能帮助他，只是需要时间。”虽然早在 1 岁就被收养的丹尼尔回归了家庭，并享有及时的医疗照顾，然而现年 20 多岁的他患有严重的精神分裂症。他不是唯一的案例，数千个被收养的罗马尼亚孤儿在后来都出现不同程度的精神、情感和健康方面的问题。

同样是孤儿院，匈牙利有一所坐落在洛克齐大街的孤儿院，是匈牙利政府委托儿科医生埃米 · 皮可勒医生创办的，专门收容“二战”后父母战亡或暂时没有人托管的孤儿，大部分都是 0—3 岁的婴幼儿。就是这所坐落在匈牙利洛克齐大街的不起眼的小小孤儿院，成为世界婴幼儿教育的典范。

先来看一个问题：给 3 个月的婴儿换尿不湿之前，你会征得他的同意吗？

是________　　　　否________

大多数人会选择否，3 个月的婴儿懂什么？即便婴儿懂，每一次都这样，是不是太麻烦？在回答这个问题之前，让我们先看匈牙利洛克齐孤儿院的护士是如何照顾孩子的。

她们愿意花10分钟时间给孩子穿上一双袜子，愿意在给孩子穿衣服的时候一遍遍微笑，预告是哪一条手臂先伸进去，会在喂食时，将勺子从孩子的眼睛上方慢慢递送到嘴里，为的就是让他们对即将发生的事情有预见，也会对着一个还不会站立的婴儿，拿出两件一红一蓝的上衣，让他来选择穿哪一件。

甚至连抱起婴儿都有前后完整的十几个步骤，他们从婴儿出生开始就给予他们一种可预见的日常生活。“可预见”意味着，从他生活的当下开始，当一切发生改变时，都会提前告诉孩子，比如“我要抱起你”“我现在要去关门”。他们也记录每个孩子的翻身时间、坐起时间、会爬时间，发现每个孩子在发育时的独特性，并形成了数据支持的婴儿大运动发展量表。

美国麻省理工学院波士顿分校的爱德华·特罗尼克博士有一项表情的心理学研究——“无表情面孔”，这项实验显示，一个孩子在婴幼儿时期就能感知母亲的感情了。特罗尼克博士用视频记录了一位母亲与大约1岁的婴儿充满爱意的互动。随后，这位母亲板起脸来。婴儿注意到了母亲表情的变化，一开始试图用微笑重新与母亲互动，然后她开始把手指向母亲，尖叫，最后哭了起来。

孩子重要的早期学习都发生在关系中。一个婴儿如何理解“爱”，是通过照顾他的人和他的互动感受到的，在轻柔的抚摸、轻声的呼唤、凝视的微笑中慢慢知道那是一种爱的感觉。“我是被爱的！”“我很重要！”这样的信念渐渐根植于孩子的内心，就像存了一笔巨款在情感银行，成为孩子安身立命一辈子的安全感。

后来跟踪调查发现，由洛克齐孤儿院抚养长大的孤儿和在其他孤儿院长大的孤儿有本质的区别。他们生活积极，极少有心理问题，并有能力建立自己的家庭，维持自己的生活。洛克齐孤儿院后来为了纪念这位婴幼儿教育的先驱者，更名为皮可勒研究中心。

当年匈牙利洛克齐孤儿院的珍贵黑白纪录片仿佛讽刺般地告诉我们，几十年前，一个孤儿院的护士都可以如此慢下来对视每一个婴儿的眼睛，在征得他们同意后，再开始穿脱衣服、喂奶、洗澡。而看看现在的中国孩子，从出生开始，就被打入一场竞争的快车道，“谁家的奶喝得多”，“谁家的孩子先翻身”，“谁先能够脱离尿不湿”，孩子就这样成了一个等待被催熟的苹果，在“怎么还不熟”的焦虑叹气中，被贴上不能等的标签。

孩子的教育演变成一场比赛。本想带孩子去郊游体验春光，但是每到一个景点，我们总是不断催促孩子：“快点走，要不来不及看下一个景点了。”本想熏陶孩子的情操，送孩子去学钢琴，但是我们总是用“你孩子十级，我孩子才九级”来衡量这样的学习。本想陪孩子慢一点走，但是好像出现某种竞争规则或制度，我们就不自觉地跟随它，忘记了保护孩子本来就很脆弱的专注力，忘记了欣赏孩子慢慢走的细腻视角和憨憨姿态。

大女儿小米刚出生 42 天回访时，北京某著名儿科主任做客妇产医院，我得到了一个宝贵的付费学习机会，学习了一套婴儿被动操。这套被动操共有 8 节，从婴儿抓握仰卧起坐，到翻身，再到倒提的眼花缭乱的各种手法，要求每天 20 分钟。作为一名新手妈妈，在医生要求孩子准时达到每一个发展指标的压力下（2 个月抬头，3 个月翻身，6 个月会坐，8 个月会爬，12 个月会走），我开始每天带着女儿做被动操。女儿对大多数被动操的动作很抗拒，除了抓住小腿来回抖动的这个动作她偶尔会露出笑意以外，都要满头大汗。后来她慢慢不再抗拒，习惯了这样的被动操，我宁愿相信她也喜欢这套被动操。

大多数被动操的动作，如倒立拎来拎去，出于一个妈妈的本能，我没有坚持下来，但是我的确坚持了差不多半年，每天20分钟，抓握仰卧起坐、抓小腿、拉胳膊、左右翻滚。可我的心底，总是会生出一个疑虑：这种把孩子当成物品折来折去、翻来翻去的被动操与一个婴儿的柔软温暖总隔着什么。至今，没有哪一种科学研究可以证实被动操对孩子的大肢体运动发展确实有帮助，而一个妈妈和一个教育工作者的本能告诉我，将心比心，如果我是那个刚出生的婴儿，在我从妈妈温暖的子宫来到这个陌生世界的时候，我绝对不希望有人不由分说拽起我的小腿快速抖动，忽的一下把我倒立拎来拎去。

直到我的第二个孩子小来出生，出于妈妈的本能和学习越来越多正本清源的专业早期教育，让我遵循了自己的内心，更愿意等待与慢养。弟弟一天被动操都没有做过，甚至也没去学当年姐姐学过的婴儿脖颈游泳，更没有去学过某些以运动为主的课程，弟弟也学会了抬头、翻身、爬、走，但是达到所有指标的时间都比姐姐晚，不过和姐姐抬头、翻身、爬和走的质量没有多大差别，原来，只是时间晚些而已。

姐姐5个月会坐，弟弟6个多月才会坐；姐姐7个月会爬，弟弟10个月会爬；姐姐11个月会走路，弟弟14个月会走路。原来那些被动操和那些被动的运动只是为了让这个婴儿能早一点到达这些坐、爬、走的里程碑而已。

孩子从出生开始就做着各种各样的判断，关于自己、他人和这个世界："我是有能力的吗？我是被爱的吗？""他们是可以信任的吗？"当机械地拉着他们的手做各种被动操的时候，真的可以有被爱、信任、我有能力的信念产生吗？

当年姐姐7个月时刚开始笨拙爬行，作为新手妈妈的我总是忍不住多做些什么，在网上不停地查找如何帮助她，好像不做什么就是不合格的妈妈。但我记得清晰的一幕，大人试图拿着枕巾勒着她的肚子，帮她把肚子抬起来，我以为我在帮她，可是事与愿违，她控制不住重心，脸重重地撞在地面，那一刻的窘态让我惊醒。我踌躇地看着那条皱巴巴的勒着她的枕巾，本能地放弃了我以为能帮助她的方式，让她自己选择爬的方式，我只确保有适合她爬行的环境。用了不到半个月，女儿就开始噌噌地满地爬。

殊不知婴儿的爬行本来就有肚子贴地的爬，也有肚子离地的爬，所谓忍不住的帮助，其实对孩子反而是一种干扰。如果小家伙不自己反复锻炼身体的各种姿势，掌控重心，又如何自如爬行？所谓跟时间赛跑的快，不让孩子在爬行过程中自己练习把握重心，他怎么有能力自己站起来，走向独立？社会和大人一直在催催催，真的是小婴儿的心声吗？

中国哲学家王阳明的思想“致良知”，和美国婴幼儿早教专家玛格达 · 格伯的理念不谋而合，每个人包括婴儿都有他的天性和自然发展潜力，不必灌输，而是准备一个环境，允许这个生命从内向外按照他的速度自然发展，成为他自己。

统计爸爸妈妈的育儿烦恼，磨蹭、不听话和脾气大一般都是出现频率最高的三个话题。而这三个育儿烦恼的本质与孩子们的时间观念密切相关。

磨蹭，是因为孩子对于时间的感知和我们不一致。我们火急火燎要出门，可孩子内在的生物钟没有感受到时间嘀嗒嘀嗒的紧迫感。与其说孩子故意和我们作对，不如客观地说在时间这个维度上，孩子和我们的感知并不总是一致的。

至于不听话和脾气大，孩子通常在什么情景中不听话、脾气大？通常是在孩子转换任务的时候，比如从玩耍到刷牙，你喊他刷牙，他不去。催得多了，孩子就脾气大，大哭大闹起来。而大人凭借什么坐标来转换任务呢？我们通常看看表，来决定孩子接下来要不要刷牙或者睡觉，可孩子们还停留在上一个任务的时间坐标上，自然不愿意配合。育儿挑战都与时间有关。

那么，孩子们是如何学习感知时间的呢？

让我们做一个模拟实验，请你轻轻闭上双眼，想象自己突然从陌生的房间中醒来。如果你从温暖的梦中醒来，发现自己不是在家里，而是在一个陌生的有点冰冷的房间醒来，手脚、脑袋都被绑住了，不能动，张嘴想发出声音，但是呜呜说不出话。当你肚子咕咕叫，有一种叫作饥饿的感觉袭来时，你会怎么办？哭。一个很熟悉的声音过来，给了好吃的奶。在满足中，你又昏昏欲睡。又过了不知道多久，当你下面突然有暖暖的东西流出来，继而蔓延到身体，之后又感觉凉凉的，你觉得不舒服，张嘴发出了一些声音。有一个熟悉的声音过来，帮你换了尿不湿，你又昏昏欲睡。就这样经过了若干次循环，经历了饥饿，很困，想睡觉，伴随不确定是否自己再次醒来的恐惧。

这就是婴儿的世界，他们感知到的时间，是从感觉到需求到满足需求的间隔。他要靠窗帘透进来的光线来分辨什么时候是白天、什么时候是黑夜，完全依靠大人满足需求的时间长短来感知最原始的时间。他们慢慢长大，学会了爬和走路，也能拿得起一些东西，学会了说“不”，尝试拒绝爸爸妈妈给自己安排的时间表。对于时间，他们渐渐清晰，醒来的时间好像叫早上，喝奶的时候叫中午，爸爸妈妈下班回来的时间叫晚上。他们靠活动去定位时间。

婴儿感知时间的方式是如此特别。婴儿活在自己的世界里，外在时钟嘀嗒，里面没有时间，只有“我感觉饿了”到“我要吃奶”的间隔。当婴儿想做的事没有马上实现，他们会怎样？哭！婴儿没有办法等，不是因为爸爸妈妈做得不好，也不是他们不好，只是双方对于时间的理解不同。

所有育儿挑战，都与时间有关。孩子磨蹭、脾气大、不听话，孩子是存心为之吗？孩子们在努力适应自我的主观时间中开始逐渐适应父母的时间，只是在这不断的适应中，有时候会不和谐而已。对于新生儿来说，如果非要硬性规定几点喝奶睡觉，等待我们的只有由此而生的挫败感。对于小朋友来说，如果非要让他放弃心爱的玩具，按照你的喜好去看书，等待我们的只有战争。对于青春期的孩子，如果非要让他上哪所大学，等待我们的是逐步失去线的风筝，再也拽不回来。

孩子感知时间的方式和我们不一样，我们应该如何做呢？

第一，花时间向孩子预告，通过预告来表达我们的爱。哪怕每一次抱起婴儿，都要俯身在他的视线范围，轻触他的身体，告诉他："我要抱你起来了。"给他一点反应时间，再缓缓用臂弯抱起。婴儿作为同样的人类，需要你告诉他所有一切与他有关的事情的发生和结束。同理，当孩子长大，他也需要越来越多的尊重。

第二，创造等待时间，孩子比大人的反应慢好几拍，越小的孩子慢的拍数越多，所以孩子需要更多的等待时间。每一次想奔去帮他的那一刻，停下来哪怕几秒钟，看看他的潜力会不会显现。也许他够不到的东西，只差 1 厘米就够到了，而此刻他正努力伸手向前，越来越近。他张开小嘴，兴奋的眼神投射给即将到达的地方，成就感光芒闪烁。如果成人呼啸而过，将东西丢给他，他眼神中的那份光芒可能因为别人代劳而被扑灭。

第三，"等你准备好了，再来找我"，陡然把权力交给孩子，他可能会琢磨一会儿，眼中可能会有一丝闪光。如果他准备好了，他可能真的会来找你。对世界的探索和对家人的依恋，像极了钟摆的两端，越着急向外推，向内反弹就越严重。反倒是"等你准备好了"这样一个小小的选择，让他愿意迈出那勇敢探索的一小步。

孩子会问"我从哪里来""什么是好人"这些哲学命题，而大人每天关心的反倒是一些生活小事。大人陪伴孩子长大这一路，要是在生活琐事上节省时间，把这些时间“浪费”在和孩子一起探寻真善美这件大事上，该多好！

把“不要输在起跑线上”这样耸人听闻的言辞从我们内疚的小心脏中剥离，回归到孩子真正需要什么。不是像运动员一定要在规定时间跑到终点，除了那个终点，还有一个美好的养育过程，不急不缓。

我相信人之为人，他可以自主成长，相信人之初，在婴幼儿年代，他值得被时间等待。我不知道扭转一个快节奏的时代对婴幼儿发展大跃进式的期待有多难，但我希望我们可以在推搡拥挤、着急向前的家长洪流里，让时间停下疾走的脚步，放慢高速运转的陀螺式的竞争生活，想一想到底最初是为了什么。

时间，你慢下来，等等孩子。

时间不等人，但可以等孩子

锻炼前额叶如同锻炼身体

每次家庭时间管理课上，统计大家带孩子进行时间管理的痛点，都会得到惊人一致的问题清单。

1. 孩子的作息时间，如何调整到和妈妈一致？

2. 早晨出门，孩子磨磨蹭蹭，不催不行，催了也没用，怎么办？

3. 本来安排好的时间和事情，因为孩子不配合，计划全部打乱，如何让孩子按照我的想法行动？

4. 孩子睡觉拖拉，怎么解决？

5. 孩子上学起床难，怎么办？

6. 孩子写作业总是磨蹭，没有时间观念，怎么办？

最集中的莫过于孩子没有时间观念，拖延、磨蹭、不听大人的话，让大人精疲力竭。平常上班，也没有时间管，下班就那么点时间，如何在有限的时间里带孩子进行时间管理，成为大家最迫切需要解决的。

我们在之前的章节中介绍过时间管理四象限。如果时间有限，你最需要陪孩子做哪个象限的工作呢？

第一象限，既重要又紧急

第二象限，重要但不紧急

第三象限，不重要不紧急

第四象限，不重要但紧急

在公布答案之前，先分享这样一个故事。

我陪女儿正在制订“晚上放学回来做什么”的日常惯例表，看着白纸上一团团扭曲的笔迹，年过六旬的妈妈忍不住凑过来打趣地说：“你那么忙，居然还有时间陪孩子玩这个。”在老人家眼里，和这么小的孩子约定未来发生的事，显然是在浪费时间。我们从骨子里不愿意相信孩子会遵守这些约定。

我对老妈笑了笑，一起算了一笔账。我和孩子一起规划，做重要不紧急的事，看似“浪费”了半小时，但每天花在和孩子各类冲突上的时间远不止半小时，累积下来，半小时换回了几百小时浪费在和孩子冲突上的时间。

在有限的时间里优先陪孩子在重要不紧急的第二象限规划工作，如制订日常惯例表、家庭会议、家庭公约等战略规划，看似浪费时间，实际是最节约时间的方式。儿童心理学家德鲁克森认为，让孩子参与家庭生活中的决定，他们对于家庭生活会更满意，也会更支持爸爸妈妈。当孩子们参与到家庭公约制定中，那些公约就不会逼迫孩子，这样会创建一个更美满的家庭。

和孩子一起做战略规划，从时间管理四象限出发，更关注重要不紧急的区域，在重要的事情变得紧急之前将它完成。而孩子之所以不听话，其实是他认为的重要性和我们认为的重要性不一致造成的，一起做战略规划，我们可以和孩子一起关注共同的重要性。

有人忍不住问：“约定之后，如果孩子做不到，那怎么办呢？”

对呀，约定的事情做不到，不就失去了做规划的意义？和孩子一起做战略规划的意义不在于结果，而在于过程。

看着大家迷惑的眼神，我接着说，每一次战略规划，我们都在和孩子一起锻炼前额叶皮质。

前面的章节里我们提到过前额叶皮质。1983 年，美国科学家肯尼思·海尔曼和保罗·萨茨这样讲述了前额叶皮质：1848 年，德国铁路工人菲尼亚斯·盖奇工作时，因为炸药意外爆炸，一条钢筋穿过他的头颅。经过抢救，盖奇恢复了身体机能，但丧失了部分脑组织，变得冲动鲁莽，无法理智决策。经过近一个半世纪的研究，借助X光和三维模拟技术，终于发现他受损的脑部区域是前额叶皮质，这是负责战略计划、情绪控制、解决问题的区域，是人类大脑发育最迟成熟的部分，要到25岁左右才发育完全。前额叶统筹全局，做出决策，被称为大脑的“总司令”。

学校开放日那天，4岁的莫妮卡是让人过目难忘的女孩，精致的小辫、华丽的裙装，在妈妈的陪伴下扭了十几个来回才坐下。小家伙想起身，不留神把后面的小凳子碰倒了。“妈妈！凳子倒了。”妈妈赶忙从教室外面冲进来帮女儿把凳子扶起来。接下来，“妈妈，这儿洒水了”，“妈妈，衣服脏了”，“妈妈，她碰我了”……每一句都是“妈妈”，唯独没有听到她自己的想法和决定。就像听到一个大男人在相亲的时候，一副娘娘腔，翘着兰花指，不停吟诵“我妈说”，让人起一身鸡皮疙瘩，怎么听怎么不舒服。当孩子的每一句话都离不开妈妈的时候，妈妈们享受被需要的虚荣与骄傲以外，会不会有隐隐的担心？这种隐隐的担心是什么呢？

大人充当了孩子的前额叶，为孩子包办、替代，实际上劫持了孩子大脑的总司令，让孩子脑海中负责战略计划、情绪控制、解决问题的高级思维能力停止了工作。而我们充当了孩子的前额叶皮质，让它因没有办法锻炼而逐步退化，让孩子习惯了依赖周围人做决策。

如果由妈妈代劳选择穿哪一件衣服、玩哪一个玩具、要刷牙还是要洗脸，大脑总司令经常不工作，到上学时，孩子会不会适应？进入中学能否承担压力？上大学能不能管好自己？这就好像把关在监狱很久的总司令拖出来，拽到战场上，后果可想而知。

不给前额叶皮质练兵的机会，它怎么会有机会成为指挥千军万马的枭雄？所以，孩子会折戟在幼小衔接、会败阵于中高考的真正原因，会不会有大人让孩子的前额叶皮质不工作的因素？不是孩子上了蒙台梭利幼儿园，就一定会出现幼小衔接的不适应，不是孩子上了公立小学，就一定落后于出国读书的时代潮流，本质是没有给孩子的前额叶皮质在洗脸、刷牙、睡觉、选衣服等平常小事中练兵的机会。孩子们得有机会做选择、做错选择，才能做属于自己的正确选择。而在小时候选择衣服、安排练琴的小事面前，犯些小错，锤炼下前额叶皮质之后，面临择偶、升学、找工作、发展事业的大事，才会在日益健壮的前额叶皮质的指导下做出明智的决策。在我们终究要离开孩子的那一天，我们才可以放心地闭上眼睛，因为他们的前额叶皮质可以帮助他们自我管理，独立自主。

我们不能亲手剪断孩子的翅膀，还要让他飞；我们也不能因为自己飞不动了，就让孩子飞向我们想去的地方。锻炼前额叶皮质，就像锻炼身体肌肉一样。如果蝴蝶努力挣扎破茧而出的那一刻，我们在旁忍不住帮蝴蝶剪开茧，蝴蝶虽然出来了，但是飞出来那一刻，肌肉没有足够的力量，掉在地上夭折了，空留我们一声叹息。

陪孩子一起做战略规划，是在和孩子锻炼前额叶，就如同锻炼身体。

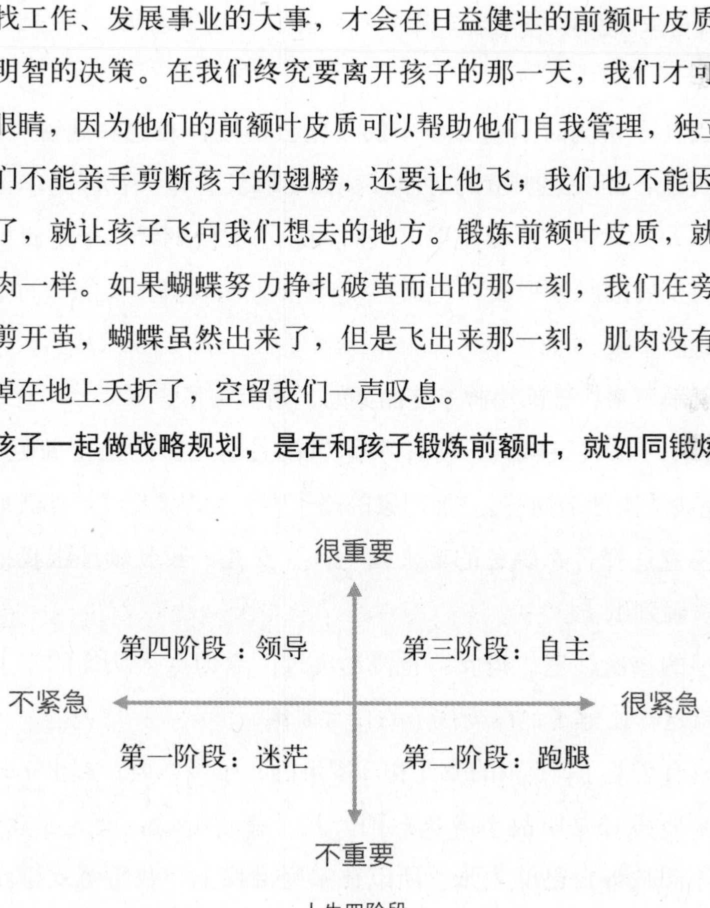

人生四阶段

正如人生四阶段所揭示的，如果我们的孩子人生中大部分时间是做不紧急但是重要的战略规划，我们就是在培养他们成为一个领导者。复杂多变的未来社会，随着互联网的发展，人和人接收信息的方式和量没有差别，而真正将人与人拉开距离的，就是前额叶皮质对应的战略规划能力。未来社会需要的是有战略规划的领导者。

制订日常惯例表

每天开车带当时只有 2 岁半的女儿去学校，我想和她聊天的时候，她偏要听歌，而我想听歌的时候，她偏要聊天。每天都因为车上听什么无法达成一致，每一次要花费好长时间和小家伙解释，于是我挑选了女儿心情特别好的时候提议："咱们一起商量怎么安排车上的时间吧！然后我们一起画下来。"

听到画下来，她的小眸子亮晶晶的，她点头了。

"听歌、和妈妈聊天，哪件事你想在去幼儿园的路上做呢？""听歌。"她毅然决然地回答。"那回家的路上呢？""聊天。""那我们画到纸上，你愿意选择什么颜色的笔来画呢？"女儿兴致勃勃地跟我把这份日常惯例表画到纸上。

之后的每次往返，母女再也没冲突过。看似令人头疼的车上时光的安排，就这样化解了，成为孩子的日常惯例。

后来有了儿子，5 岁的女儿和 2 岁半的儿子经常要一起坐车外出，也会经常对听歌还是听故事各执一词。儿子喜欢听歌，女儿喜欢听故事，他们都不想放弃自己的主张，所以在家庭会议上，我特意安排女儿和儿子协商制订了车上时间日常惯例表，每半小时轮播故事和歌曲。同时约定，如果上一次上车是先听歌曲，那么下一次就先听故事。我将这样的日常惯例写到了一张小纸片上，放在汽车的工具箱里。车内每半小时音乐和故事交替响起，难得的惬意。

如果非要推荐一个育儿方法打破和孩子争论不休的局面，那么就是制订日常惯例表。制订日常惯例表风靡育儿界，几乎每一个家庭教育理论都会收录这样一个经典的育儿方法，但是很多爸爸妈妈尝试使用了一两次就会放弃，唉声叹气，评论它根本不好用，解决不了父母和孩子们洗脸、刷牙、练琴、写作业的争斗。

殊不知，制作表格、让孩子可以听大人的话只是一个表象，日常惯例表的背后究竟是为了培养孩子什么样的能力呢？

让我们先从一个故事说起。

还记得第一次和女儿做日常惯例表时，我兴致勃勃地在网上买了一套洗脸刷牙的精美冰箱贴，女儿却当成了玩具，根本不买账。我像被她这把无情锥子刺破的气球，一泻千里，挫败无比。

我开始思考，为什么日常惯例表在我的孩子身上不管用？如果日常惯例表被定义为控制孩子听话的工具，那么它注定了不管用。因为一个最通俗的事实，世界上没有哪一个人可以真正控制另外一个人。

那么日常惯例表不为人知的伟大设计者的目的究竟是什么呢？

这跟我们上一节中提到的大脑中的一个区域有关，没错，是前额叶。它被誉为大脑中的“总司令”，掌管情绪控制、战略规划、道德自律等高级思维能力。

美国研究人员在《自然杂志神经学专刊》发布的信息显示，通过他们在美国哥伦比亚大学进行的如何抵制诱惑的实验发现，人在面临选择时，大脑特定区域——前额叶皮质发挥作用，促使人们抵御诱惑，着眼长远利益，也就是我们通常认为的战略规划能力。

而我们和孩子一起制订日常惯例表的过程，其实是和孩子一起锻炼前额叶的过程，是为了培养孩子长期规划自己生活的能力，而不是培养一个被表格控制的思想奴隶。按照这个思路推演下去，日常惯例表的目的并不在于结果——孩子是否完全照做，而在于过程——帮孩子养成制订战略规划的习惯。

为人父母者的我们究竟想培养出一个什么样的孩子？20年后，一个年轻人站在年迈的我们面前，我们希望他是一个靠日常惯例表格刻板生活、一辈子听我们话的孩子，还是一个独立思考、可以规划他自己想要的生活的孩子？

想到这儿，我突然释然，不再纠结于孩子在这个时间点是否听了我的话，刚制订完的日常惯例表是否百分百有用，而是沉住气和孩子一起享受制订日常惯例表、锻炼前额叶的过程。因为那里面藏着关于未来的一切秘密。

而后，神奇的一幕幕发生了。

当我们对刚买回的一大袋10个棒棒糖如何吃有不同意见的时候，5岁的女儿抬头对我说：“妈妈，我画一个日常惯例表吧！”

当他们姐弟俩对一个桌子争抢不停时，和他们一起安静画出来的桌子使用区域的日常惯例表，两个小家伙居然认真遵守。

当我和家里的老人争抢着为孩子们洗澡的时候，5岁的女儿提议我和老人画一个日常惯例表，来决定如何安排洗澡时间。

在制订日常惯例表的过程中，很多爸爸妈妈并不知道如何引导。

有一个最简单的方法是“苏格拉底式提问”，是由希腊哲学家苏格拉底创造的，又称“精神助产术”。他并不直接传授知识，而是采用对话、思辨方式，一步步启发对方的思考，引导出对方的智慧，就像为人接生一样，助产士本身并不是生孩子的人，她只是帮助接生而已。因为真正的智慧来源于人的内心，而不是得自别人的传授。

柏拉图在《米诺篇》中曾记载：有一次，苏格拉底在街上找了一个对几何定理一无所知的儿童，与他对话，竟然能使这名儿童做几何定理的演算。世人熟知的英文“教育”（Education）一词的拉丁文词根原意是“引出”（Educare），教育不是被动让孩子听我们的话，而是通过提问，帮助孩子形成执行惯例。

女儿虽然自己要学钢琴，但是在练琴这件事情上没有畏难情绪是不可能的。如何让她每天按照老师的要求练琴，成了我们家最有挑战性的事情。如果是由妈妈单方面安排学琴的时间，无论我用多么和善的方式来提醒她，等待我的一定是拒绝。一次次拒绝后，百无聊赖的我拿出了日程表，问她：“你希望每天什么时候练琴？”

“我想放学回来玩一会儿，再练。”

“那晚上 7 点和 7 点半，你觉得哪个时间合适呢？”

女儿想了一会儿，回答说：“7 点。”

“你能写下来吗？”

“可以！”

于是就有了如下学琴的日常惯例表。不会写字的女儿依旧可以用她的笔，把她想要的安排写下来。

每一次遇到女儿学琴的挑战，第一时间不是和她理论谁对谁错，只是默默拉着她的小手，走到我们的约定前面，一起温习曾被我们一起勾勒的约定。

练琴日常惯例表

周一	周二	周三	周四	周五	周六	周日

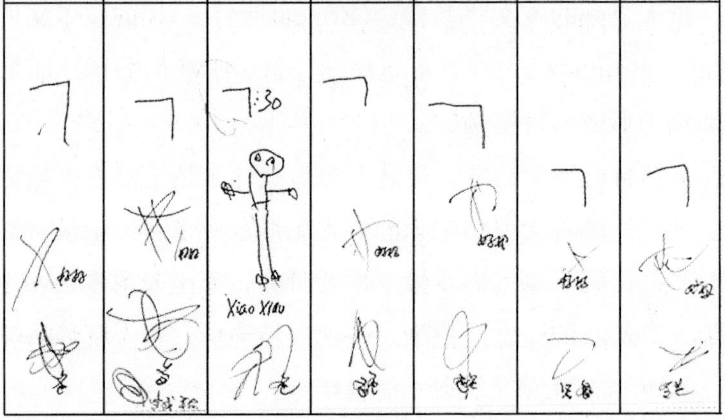

如果我们把学琴惯例表当成一个结果，我们关注的永远是孩子是否遵守了这些约定，但如果把学琴惯例表当成一个过程或一个习惯，我们关注的是避免一次次和孩子陷入斗争的陷阱，形成一个不断和孩子商讨约定的惯例过程，锻炼了孩子的前额叶皮质。

凡事皆可形成惯例，孩子可以预见接下来会发生什么。知道接下来会发生什么之后，他对于时间的感知，就由一项一项的活动串联起来。我们可以直接告诉他们要发生的活动，也可以通过提问的方式，调动孩子的大脑。

提问是为了获取信息，也是为了让孩子自己找出解决方案。提问最重要的是饱含一份好奇感，把思考的权利交还给孩子。每一个看似简单的发问，都如同我们将信任传递到孩子的手心，无论答案如何，我们都要相信孩子有能力承担。

我们太习惯提问不重要的事，很少在重要的事上和孩子对话。

父母拼命问孩子的吃喝拉撒。“你渴了吗？”“你饿不饿？”“想去上厕所吗？”这一类本该孩子自己思考的问题，就如同一只只本应该在孩子身上的猴子，跳到了我们的背上。如果我们拼命提醒孩子吃喝拉撒这些本应该他们自理的问题，便慢慢废掉了他们主动体察的能力。所以，有一种冷，叫妈妈觉得你冷；有一种饿，叫奶奶觉得你很饿。长此以往，我们听到的是孩子不停重复“我妈说”“老师说”“别人说”，唯独听不到他们自己的声音。

最惨的是，这还可能引导孩子出现负面的情绪。幼儿园虐童的新闻总是占据教育类新闻的头条，也有家长每天如此问孩子，有没有人欺负你？老师打没打你？长期问这样的负面问题，会有什么样的后果呢？

我们生活的世界并不是无菌的，如果社会注定是多元的，引导孩子去关注解决方案要比引导他们关注丑恶、评判和抱怨要重要得多。

下边是新手父母最容易学习的三个“苏格拉底式提问”。

- 你的感受是什么？
- 发生了什么？
- 下一步计划是什么？

针对不同年龄段的孩子可以组合以上的三个问题。

- 0—3 岁的孩子：你的感受是什么？
- 3—6 岁的孩子：你的感受是什么？发生了什么？
- 6 岁以上的孩子：你的感受是什么？发生了什么？下一步计划是什么？

为什么要先问孩子的感受呢？

脑科学家们研究发现，一个人要到25岁，他的前额叶皮质功能才能发育完全。

从人脑功能发育的角度来说，前额叶皮质发育最快的时间段分别为2—3岁的第一叛逆期和13—16岁的青少年叛逆期。

不问孩子的感受，就直接和孩子探讨如何解决问题，相当于孩子的前额叶皮质没有工作，自然没有办法解决问题，我们需要让孩子的感受先被看见。等孩子冷静下来，再来让孩子描述问题和创造性解决问题。

制订日常惯例表的关键，不是父母给孩子规划安排时间表，而是通过提问，让孩子自己规划时间表。最重要的一点，日常惯例表的产生，是大人命令式的要求，还是启发式的提问？是爸妈自己用漂亮的笔迹写的，还是孩子哪怕不会写字，也通过自己的努力画下来的？

另外，要把复杂的一天分解，先找到一个最关键的环节，最容易发生大人和孩子之间冲突的步骤。制订一天24小时的日常惯例表，对于孩子来说太多太复杂，很难做到，我们可以从小事入手。

就像跟10岁的孩子说快去收拾房间，他往往不明白如何做，不如告诉他，收拾床上、地上的玩具、衣橱里的衣服，孩子马上就知道怎么做了。如果还是头疼，那么先从收拾床的动作——把枕头放在床头开始，和孩子制订日常惯例表。

就像跟5岁的孩子说好好练琴，他不明白什么是“好好”，不如降级分解，第一遍注意手型，第二遍注意节奏，第三遍注意音符，以这样的方式来制订日常惯例表。

就像跟4岁的孩子说快去刷牙，他不明白什么是“快”，不如降级分解，你要帮妈妈挤牙膏，还是你自己挤牙膏？并把谁来挤牙膏做成日常惯例表。

凡事皆可做成日常惯例表，约定时间，约定事件，也可以把复杂的任务分解为小的任务。

而分解目标、日常惯例的过程，都是通过爸爸妈妈向孩子提问的方式来进行的。

“如果发现日常惯例表已经不适用了，还要坚持吗？”

孩子参与了日常惯例表的制订，就会比没有日常惯例表、只听大人命令的情况，要更配合。如果孩子不遵守日常惯例表，继续用启发式提问：“我们在下一次画日常惯例表的时候你希望怎么做呢？”等孩子回答完，如果的确需要升级日常惯例表，我们可以更新它，以便更适合孩子。

日常惯例表不在于结果是不是孩子百分之百遵守了，而在于和孩子对话和约定的过程，锻炼战略规划能力。

醉翁之意不在酒，我们希望培养孩子卓越的规划能力，当他有一天不在我们身边，独立生活后，也能靠同样的自我提问、自我对话的方式，获知对他来讲最好的选择和规划是什么，这才是孩子一生安身立命的才华。

如何制订日常惯例表？

第一步，找到你和孩子互动中最容易发生冲突的一个环节。

第二步，向孩子提问，分解目标，启发孩子思考。

第三步，让孩子把约定好的内容画下来或写下来。

第四步，当孩子不遵守约定时，不唠叨，带孩子来到约定的日常惯例表前，继续“苏格拉底式提问”。

第五步，如果需要更新日常惯例表，请重复以上四个步骤。

无体验，不学习

一次，我带着当时还只有2岁的女儿去参加朋友聚会。在上菜之前，服务员给每个人都倒了一杯热水。女儿对水一如既往地好奇："妈妈，我要水！"我还没来得及反应，旁边的朋友善意提醒："水烫，现在不能喝哟。"

"水！水！喝水！"她越来越着急，不达目的誓不罢休。"水真的烫，真的不能喝。"其他朋友也在帮我的忙劝她。大人越劝，她越着急，从开始的叫嚷，变成了带着哭腔的哀求。我无奈，端起了杯子，自己先尝了尝，水是有点热，但是肯定不会烫伤嘴。于是，我把杯子端到了她面前，尽量保持平静地对孩子说："你摸摸看，是不是有点热？"见我真准备把杯子递到女儿面前，几个朋友焦急地喊："水热，不能让孩子碰！"

我也不知道哪儿来的淡定，没有理会朋友们善意的提醒，依旧把杯子递到孩子面前。她摸了一下杯子，自言自语"水烫"，然后整顿饭她再也没有要过那一杯热水了。

如果我们不让孩子在保证安全的条件下触摸微烫的水，他永远也不会对水烫建立起认知，也就不会有前额叶皮质主导的自我控制的行为，让他以后的生活中不再碰滚烫的水。

"学习金字塔"是美国缅因州的国家训练实验室于1960年取得的研究成果，它用数字形式形象地显示了不同的学习方式对学习内容留存率的不同的影响。选择听的学习方式，2周后只有5%的学习内容留存率，而阅读的学习方式仅有10%，如果选择多媒体（听与看）的学习方式，学习内容留存率可以达到20%，而选择演示的学习方式，学习内容留存率也才能达到30%。以上4种学习方式，它们的学习内容留存率并不高。特别要说明的是，研究结果是根据样本统计量得到的，代表大部分人在大多数情况下的表现，我们不讨论极个别人记忆和学习能力超强的特殊情况。这样的学习效率在信息爆炸的当今社会中，的确让人寒心。可令人振奋的是，如果选择小组讨论这样的学习方式，学习内容留存率迅速提高到 50%，而从做中学可以飙升到 75%，而最高的学习内容留存率是不起眼的教其他人这样的学习方式。以上这三种，被称为主动学习或体验式学习。

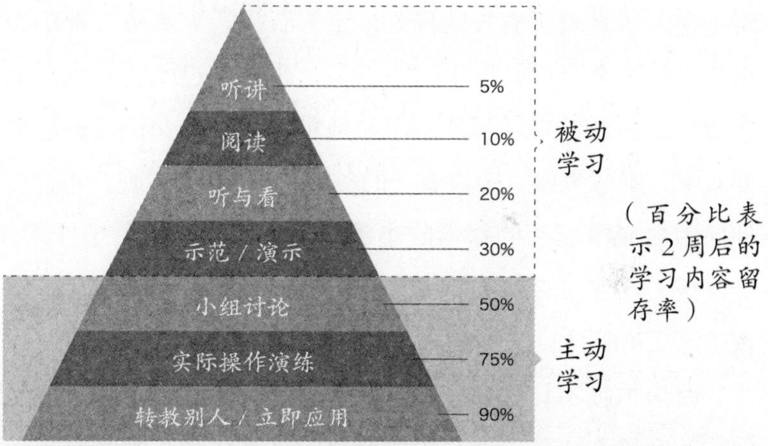

学习金字塔①

这是一个发人深省的问题，我们的学习方式处于学习金字塔的哪一层？

我们这一代在步入职场之前，接触的都是比较低效的学习方式，幼儿园背着手坐着听，上学死记硬背。好不容易熬到了 21 世纪，多了电脑多媒体的学习方式，也没有冲破 30%的学习留存率。可悲的是，不仅学习效率不高，也打消了学习兴趣，挫败了学习成就感。

① 美国国家训练实验室研究证实，不同的学习方式，学习者的平均效率是完全不同的。

我们上大学后开始参加社会实践活动和实习的时候，反倒是我们的知识、能力、眼界增长得最快的阶段。而开始工作后，我们每天都在开会讨论、拜访客户的实践中，学习效率保持在50%以上。尤其是开始带新人工作的时候，我们发现教别人需要我们对工作内容烂熟于心才能做到，也不奇怪，教给别人的学习内容留存率会有90%以上。

那么，孩子处于学习金字塔的哪一层呢？

女儿2岁时，我带她在小区里玩耍，走到池塘边，她看到散落一地的雪白的石头，好奇地蹲下来，兴奋地说："妈妈，你看，石头。"我也蹲下来，认真看了看被她视如珍宝的石头，点点头。她小心翼翼地用食指和中指一个个捏起地上的小石头，我在旁边欣赏她认真地劳作，有点忘情。一会儿，来了另外一个和她年纪相仿的女孩，也想加入捡石头的游戏中，刚想弯腰，旁边看护的爷爷大声制止："脏，不许碰！"小女孩伸向雪白光滑石头的探索的小手，被无情的大手一把抓了回来。随即，是女孩一阵委屈的大哭："我要捡石头。""脏，你不知道石头有多脏！这孩子怎么不听话！"爷爷拉起女孩的手，走远了。

因为怕脏不让孩子摸石头，因为怕难收拾不让孩子自己尝试吃饭，因为怕麻烦不让孩子参与力所能及的日常活动，都是对孩子进行感觉剥夺。对越小的孩子进行感觉剥夺，越残忍。我们打着"为孩子好"的旗号，从成人省时省力的角度，不自觉剥夺孩子的感觉体验。没有来自生活的体验，没有这个美好世界对孩子的输入，孩子又怎会理解世界带来的万千的感受和变化？更无法做出理性、自律的行为。如果期待孩子乖巧听大人的指令或是在集体活动中只看不做，学习留存率仅有5%—20%，在这样信息爆炸的社会中，如此低的效率，我们如何指望人生经验仅有几年的他们靠所谓的意志力获得学习的成就感和保持学习的兴趣呢？

随着手机和平板电脑的普及，越来越多的孩子更早开始使用电子产品。英国《每日邮报》报道，英国一名4岁女童因iPad成瘾，成为英国已知年龄最小的iPad成瘾症患者。禁止她用iPad玩游戏后，她出现了戒断症状。戒断症状指成瘾症患者在断瘾期间出现的特殊心理生理症候群，表现为兴奋、失眠、流泪、流涕、出汗、震颤、呕吐、腹泻甚至虚脱、意识丧失等。盯着电子屏幕的时间过长，让孩子欲罢不能，是一种成瘾症，需要专业心理医生的帮助。

电子产品对于学龄前儿童的学习也许有用，但是有可能会使孩子陷入成瘾症。《心灵危机：为什么孩子不思考，我们能做些什么》一书作者简·希里把这种现象称作“僵尸效应”。电子屏幕会让人精神恍惚，抑制大脑活动，因为大多数电子游戏要求被动注意，低龄儿童的想象力、创造力、思考能力、探索真实世界的好奇心和热情都会受到负面影响。

在学习金字塔中，随着学习方式更主动，孩子的成就感也在提升。主动输出比被动输入更有效率，也让孩子更有成就感。感觉好，才能做得好，做得好又会有更强的成就感，就形成了良性循环。

怎样提升孩子的学习效率呢？化被动的听讲、阅读为主动讨论、实践、分享，把学习的权力交还给孩子，让孩子“自己做”，激发他们探索的兴趣，促使他们走入学习金字塔的高效阶段。

学习金字塔中最高效的方式，是让孩子画下来，讲出来，写出来，输出是最好的学习。尤其在生命中的前几年，大脑的可塑性远远大于以后的年龄。越小的孩子，他们本能上更愿意用身体学习，身体带动大脑，发育更快。

传统教育更侧重于“信息—知识”这样被动灌输的学习方式，而面向未来的教育侧重于“知识—智慧”，需要大量体验式学习。

我国著名的学前教育专家张雪门说：“我们提倡的幼儿园课程，首先应该注意的是实际行为，凡扫地、抹桌、熬糖、炒米花以及养鸡、养蚕、种玉蜀黎和各种小花，能够实际行动的，都应该让他们去亲身体验。从行动中认识，才是真实的知识；从行动中所发现的困难，才是真实的问题；从行动中获得的胜利，才是真实的驾驭环境的能力。我郑重再说一句，幼童一定是先有了直接经验，然后才可以补充想象。”

在一个工作日，我接待了一个高知妈妈，带着一个五六岁的儿子。寒暄时，我忍不住问：“孩子今天怎么没上学？”“这也是我正想找你问的一件事情，你说这蒙台梭利混龄教育有必要吗？我们家孩子成了班级最大的孩子，天天教他们班上的小不点，没什么意思，学不到什么，还不如我带着他出来玩玩呢！”这位妈妈刚说完，我们就听到了一声巨大的撕扯声。就在我们说话的时候，男孩把等候区里端午节老师和孩子们一起做的龙舟的龙头卸成了两半。男孩对我扮了个鬼脸，跑开了。妈妈不好意思地对我笑笑：“我们家孩子有点调皮，你这龙头多少钱？我赔给你。”我一愣，不知道怎么答复。

一个可以随着妈妈的性子不上学的孩子，一个破坏了物品跑开、由妈妈提赔偿方案的孩子，我不太敢想他的未来。而如果一个孩子愿意并且有能力将所学教给其他人，且不说其社会行为和利他主义，单从最有世俗意义的学习效率来看，他获取了学习金字塔中那个特别诱人的百分比——90%。如果孩子大部分时间的学习内容留存率能够达到 90%，该有多好！

蒙台梭利提出的混龄教育与学习金字塔中教别人学习内容留存率是 90% 不谋而合，教别人是学习内容留存率最高的一种学习方法。混龄班里年龄越大的孩子往往获得的学习机会越多，而孩子的在商业社会中被肯定的领导力，也在大小互动过程中，不断被挖掘出来。孩子不是一个被动的容器，而是主动建构的个体。不管孩子的年龄多大，都让他们有机会教其他人，可以教更小的弟弟妹妹，当然也可以教大人，没有什么比教别人更好的学习方式。

有经验的爸爸妈妈会发现，孩子对孩子的影响大过成人对孩子的影响。大与小并不是看绝对年龄，而是看相对的心理年龄或对应的能力强弱。就像我们在工作场合，并没有把相同年龄的同事指派给我们一样，作为一个人，我们需要知道如何跟比我们强和比我们弱的人不卑不亢地沟通。

2012 年，加拿大人斯科特 · 扬用 1 年时间自学完成了其他人用 4 年时间才能修完的 33 门课程，在分享自己的学习方法时，他提到“费曼技巧”，让“费曼技巧”名声大噪。费曼，全名为理查德 · 费曼，是美国著名的物理学家，1965 年获得诺贝尔物理学奖，他在自传里分享了四步学习方法。

- 第一步，选择一个你要理解的概念，拿一张白纸，把这个概念写在白纸最上边。
- 第二步，设想一个场景，你正向学生传授这个概念。
- 第三步，如果遇到问题，回过头来重新学习。
- 第四步，简化和类比。

“假设自己讲授给其他人”是费曼技巧的关键。当我们学习知识的时候，我们并不是要存在心里，做一个偷着乐的闷葫芦，最好的方式是讲出来给大家听。当讲出来之后，我们会对这个概念理解得更透彻。如果发现不理解的地方，重新学习，继续迭代。只要相信“不完美是开始的勇气”和“错误是学习的好机会”，你就会发现，**输出是最好的输入，说出来教给别人是最好的学习方式。**

无体验，不学习。

第九章

变身时间达人，化解家庭矛盾

春有百花秋有月，夏有凉风冬有雪；
若无闲事挂心头，便是人间好时节。

——慧开禅师

一个人到三个人的家庭时间圈

自从有了孩子，时间安排一下子变得混乱。很多爸爸妈妈都在家庭时间管理课上这样感慨。

没错，一个人单身时，时间安排是特别简单的事，自己就可以为全部的时间做主。等结婚后，两个人一起生活，没有孩子，没有太多负担，即便有不同意见，时间安排也很容易达成一致。但随着孩子的来临，一家三口很快变成了一家五口，老人来家里帮忙，家庭成员激增，时间安排复杂而混乱，分歧和冲突的背后都与时间安排有关。

家有新生儿是对婚姻最严峻的考验，晚上谁来照顾吃奶的孩子？如何分配家务活？刚有孩子那一年，成了婚姻中最难的一年，所有小矛盾都被无限放大。

家庭是世界上最古老的社会单位，它是缩小的社会模型。对于时间的安排，也是家庭矛盾的来源。为人父母后，格外看重家庭时间安排的我们，更容易因此困惑。

那么一个孩子从出生到长大，对于家庭的时间安排意味着什么呢？

孩子刚出生到 6 个月大的时候，吃喝拉撒睡玩都得靠妈妈，孩子分不清自我和外界之间的区别，所以这个时候的婴儿和母亲，在心理学上被称为共生体。在这个阶段，妈妈的时间和孩子的时间几乎是重合的。

从孩子6个月到3岁，妈妈和孩子的时间逐步分离。孩子也明白了：我是我，世界是世界，我和世界是有边界、有间隔的。妈妈的一部分时间需要留给自己，孩子也需要独立的时间和空间来做自己的事。随着孩子的成长，妈妈和孩子要多一些分别独处的时间。

那爸爸在母子之间的时间安排中是什么角色呢？

如果妈妈没有提前给爸爸和孩子共处的时间，那么爸爸就被边缘化了，没有分担妈妈照顾孩子的任务，也会让妈妈感觉到疲惫。于是爸爸、妈妈和孩子的时间圈就被泾渭分明地分成了两个阵营。

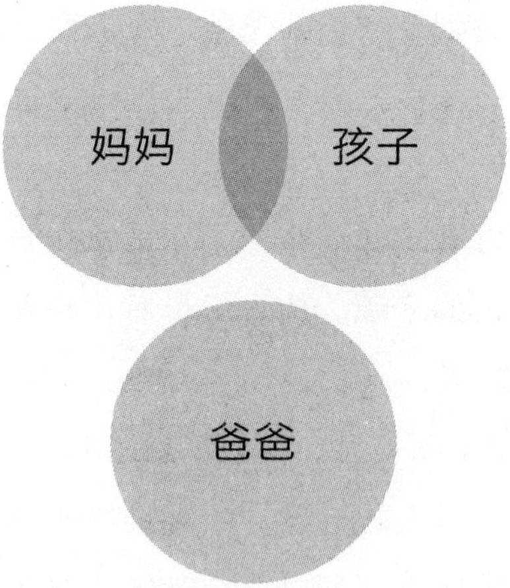

如果从孩子很小的时候开始，爸爸能有意识地参与妈妈和孩子的时间安排，那么随着孩子的长大，孩子和爸爸有交集的时间也越来越多，家庭时间圈的安排是紧密相扣的三环，我们都有彼此的亲密时光，但也

有独处的自由时光。

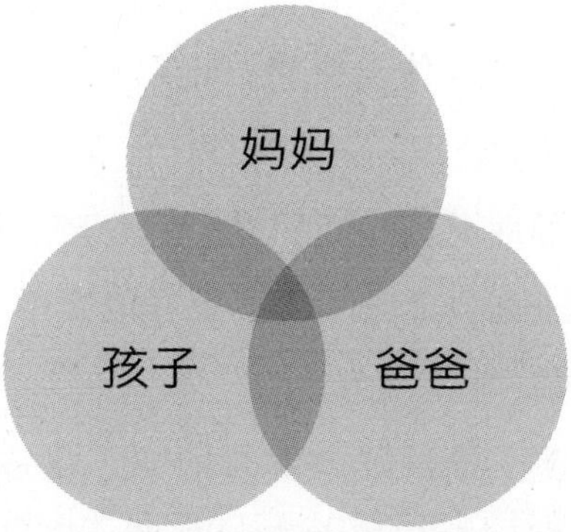

等孩子有一天长大了，要离开家，去过自己的生活，他的时间圈终究要和父母分离，那是一场饱含深情的目送。

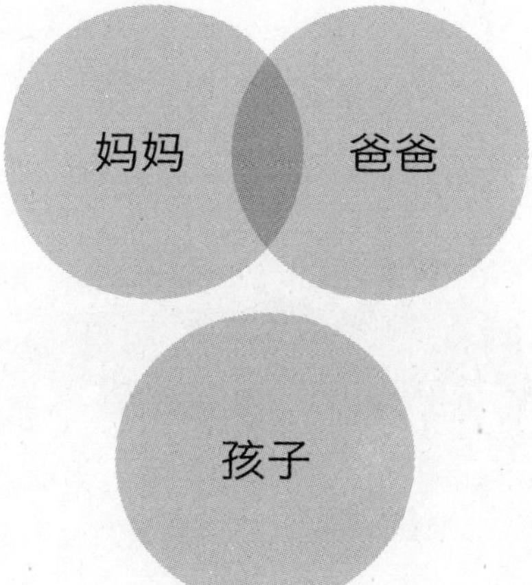

世界上只有一种爱是以分离为目的的爱，那就是父母对子女的爱。著名作家纪伯伦说：“你们的孩子，都不是你们的孩子，乃是‘生命’为自己所渴望的儿女。他们是借你们而来，却不是从你们而来，他们虽和你们同在，却不属于你们。你们可以给他们以爱，却不可给他们以思想，因为他们有自己的思想。你们可以荫庇他们的身体，却不能荫庇他们的灵魂。”

剪脐带——第一次从身体上分离，走路——第一次从行动上分离，断奶——第一次从营养上分离，上幼儿园——第一次从社会关系上分离。孩子的成长过程，准确地说是我们和他们的分离过程。允许自己有自己的生活，才能允许孩子有自己的生活，那样的亲子关系才是一个越来越大的圆，里面才能容下万千的美好。

这就是从一个人到三个人的家庭时间圈。从孩子出生到长大成年，逐步分离的过程中，爸爸和妈妈有亲密时光，妈妈和孩子有亲密时光，爸爸和孩子有亲密时光。等孩子长大，爸爸妈妈带着爱，看着孩子远行。

你希望你的家庭时间圈是什么样子的呢？我请家庭时间管理课上的爸爸妈妈在纸上画下自己希望的家庭时间圈。

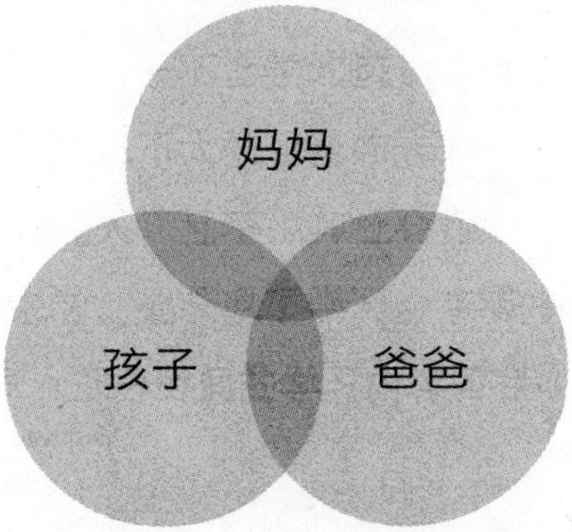

在每一个存在交集的地方，请你写下你希望安排的特别活动，那代表你和其中一个家人的亲密时光，你希望如何安排？

在每一个独处的地方，请你写下你希望安排的特别活动，那代表你自己或你设想的与家人独处的时间，你希望如何安排？

你希望：

一人独处活动安排________

二人世界活动安排________

全家活动安排________

你认为你的爱人喜欢：

一人独处活动安排________

二人世界活动安排________

全家活动安排________

你认为你的孩子喜欢：

一人独处活动安排________

二人世界活动安排________

全家活动安排________

每个人都拥有几乎相同的 8 小时睡眠和 8 小时工作时间，决定人生高度的是第三个 8 小时，即休闲娱乐时间，而决定家庭生活质量的，也是这 8 小时。

休闲娱乐时间，看似轻松，实则蕴含着我们获取能量的来源，这些能量让我们更高效地工作。那么作为一个人、一对夫妻、一家人，我们如何来分配我们的休闲娱乐时间，决定了我们的生活质量。

看似很绕的问答，却能帮爸爸妈妈将思绪整理清楚，发现几个惊人的事实。

第一，先斟满自己的杯子，我们才能倒水给其他人。如果我们没有在自己的娱乐方式中加满能量，做想做的事，那么哪里有能量可以给别人呢？有时候我们陪孩子不耐烦，是因为内心深处的声音是，我为你牺牲了这么多，凭什么你还不满意？安排休闲娱乐时间要有顺序，优先保证自己的休闲娱乐时间，其次是和爱人的休闲娱乐时间，最后是和孩子的休闲娱乐时间。世界上最重要的人是自己，最重要的关系是自己与自己的关系；第二重要的人是另一半，即亲密关系；最后才是孩子，即亲子关系。如果颠倒了，破坏了家庭的序位，爱的能量就会流动不起来。

第二，从来没有想过另一半的娱乐方式，我们对如此熟悉的人了解如此之少，甚至没有认真想过对方的需求和喜好，只关注我们自己的需求。

有位妈妈发现，在花钱的情况下，自己的爱人喜欢的独处娱乐方式是买电子产品，在不花钱的情况下，他喜欢的独处娱乐方式是睡觉。“当另一半在分配时间时买电子产品或睡觉、不理孩子和自己的时候，我老是唠叨抱怨，现在才发现，这是他唯一的娱乐方式，他通过这样的方式找到快乐和能量。”她一下子明白了，原来那些不是老公的缺点，而是他获取能量的方式。

原来表面的争吵都源于背后我们对时间的投资观不同。我希望二人世界的娱乐方式是聊天，而对方希望二人世界的娱乐方式是看电视剧，经常发生这种冲突的原因，是我们对两人在一起的娱乐方式的看法不同，获取能量的方式不同，和“你爱不爱我”“重不重视我”不一样。

在洛杉矶到北京的飞机上，我身边是一对菲律宾夫妇，带着一个5岁的孩子，与中国家庭不同的是他们在飞机上的座次。夫妻坐在一起，戴着一副耳机看电影，让他们的儿子独自坐在前面。孩子没人管，你们还约会，有没有搞错！很多中国家庭看到这样的座次组合，忍不住会这样认为。但是仔细想想，这样的座次安排，给了爸爸妈妈更多的亲密时间，也给了5岁孩子自己独处的机会，不一会儿，这个说英语的小男孩就和邻座的中国小男孩交流起来了。

第三，孩子喜欢的娱乐方式与金钱无关，与时间有关。孩子喜欢的家庭娱乐方式都是一家人一起玩，好像不管玩什么都很开心，我们需要预留和孩子的家庭娱乐时间。在家庭娱乐时间，不是大人假想的要花多少钱，而是时间，时间是最稀缺的爱。时间价值观是多元的，我们无法要求别人的时间价值观与我们一致。

问问家人，他们希望的娱乐方式是什么，是不是如你所填的一样。你的主动时间是别人的被动时间，你和别人的主动时间，需要提前约定，需要你规划，也需要和对方一起规划。

除了休闲娱乐时间，我们的时间价值观是不同的以外，每个人对于爱的语言的表达和接受程度不同，在不同的项目上，投入时间的策略也不同。

为什么有的人喜欢听鼓励，有的人喜欢默默付出，有的人爱礼品，有的人看重陪伴？

每个人都有属于他自己的爱的语言，就好像世界各地的人讲着不同的母语那样，人们也说着不同的爱的语言。我们从小到大的成长经历，让我们每个人都发展出一种主要的爱的语言。如果两个母语不同的人在一起的话，双方不懂对方的语言，就会产生误会和隔阂。

经过 20 多年的研究和临床经验，美国的盖瑞 · 查普曼博士归纳出五种爱的语言，它们分别是：

A. 肯定的言辞（Words of Affirmation）

B. 精心的时刻（Quality Time）

C. 接受礼物（Receiving Gifts）

D. 服务的行动（Acts of Service）

E. 身体的接触（Physical Touch）

刚出生的时候，我们习惯和孩子进行肢体接触。他长大后，我们只有必要的时候才和他有肢体接触，比如带孩子上车、帮助孩子穿脱衣服。

随着孩子长大，我们忘记了原来爱的表达除了讲绘本，还可以单纯地抱抱和亲亲。生活节奏太快，我们只说了那些指令，忘记了给孩子多一些肯定的言辞。肯定的言辞对于孩子来说，就是鼓励，是赋予孩子勇气。孩子也需要精心的时刻，获得全然关注。看到爱的语言，也让我们更容易向对方表达爱。

练习：请填写以下行为分别属于哪一种爱的语言。

________拥抱

________我给你准备生日礼物

________你愿意帮我洗菜吗？

________亲一下

________我给你准备了惊喜

________让我们一起去你喜欢的餐厅

________我给你做了最爱吃的菜

那么怎样才能了解孩子或其他人喜欢哪一种爱的语言呢？

你的孩子喜欢哪一种爱的语言？________

你的另一半喜欢哪一种爱的语言？________

家里的老人喜欢哪一种爱的语言？________

可以直接问对方，提供两种爱的语言，让对方来选。你比较喜欢我替你做面条呢，还是我们一起去公园散步呢？你比较喜欢和妈妈拥抱呢，还是和妈妈一起读绘本呢？当我出差回来，你希望我给你带一份礼物呢，还是给你写一句鼓励的话？

从一个人到三个人，从爱到确保对方感受到爱，关键在于我们和家人如何在时间轴上约定爱的表达。

婚姻不是你赢我输的惨剧

结婚时，由于婚礼司仪的乌龙，他单膝跪下的时间长达 5 分钟。我就在这万众瞩目的跪礼下，成为他的妻子，一晃 6 年。

6 年前，他创业，我怀孕。他一出差就是几个月，我等待小生命的惶恐通过和他之间看不见的电话线蔓延。

他回来，孩子满月了；再回来，孩子会翻身了；再回来，孩子会叫妈妈了……孩子所有的里程碑都有一个亘古不变的坐标——出差。

看着他兴奋地勾勒创业图景，我也忍不住在梦中帮他想了一个颇具文采的品牌名，但忍不住的是为人妻为人母远离社会的失落。

女儿出生，本就陷入半个全职妈妈的失落泥潭的我加上产后激素的催化，发酵了产后抑郁的倾向。

他狠心放下了新出生的女儿，说服了老人，拉着我在蓝色港湾溜达，在咖啡厅里谈我的感受和梦想。

我说我想写点什么，他成了我的第一个读者。当我战战兢兢敲完最后一个字的时候，他如获至宝，高度赞誉的同时，鼓励我坚持，并念给全家听，高声喊着："我的老婆是一个作家。"

我忐忑不安，而他像孩子一样高声欢呼的样子，我到现在都记得。

被爱人鼓励，是一场无法收场的爆发。

过去几年，我写了 181 篇文章，累计 30 万字。如果没有他，我不会有现在写作上的成就。

他说，你要勇敢做自己。

虽然和他出去，别人都会说，这是陈太太，但他总会更正别人，一本正经地向他们介绍我，这是当年人大的学霸，最高荣誉毕业生，也是一个很了不起的作家。而他说的一切是在我默默无闻做着照顾孩子的全职妈妈的时候。

他总说自己是一个俗人，可我分明看到了一个憨厚的雅士。

经常有人问，你们两口子都创业，这日子怎么过呀？

他总是笑笑说，照常过呗。

两年前，机缘巧合，我也成了一个创业者，在不同的领域，以不同的方式。

但奇怪的是，我们非但没有越来越远，反而越来越近。

如果之前的相处模式是大哥哥照顾小妹妹的罗曼蒂克模式，那么创业后的我终于以树的形象和他站在了一起。

他成了我创业路上不折不扣的最强大的支持者，虽然他不擅长表达，也不愿意秀战果，但是我知道他默默为我做了什么。如果6年前我留守家中做全职妈妈支持他创业是妻子的本分，那他作为一个我仰慕的有极高人生抱负和工作能力的男人做到现在实属不易。婚姻不是你赢我输的惨剧，是你先于我相信的相信，是你允许我做自己的勇气。

有人的地方就有江湖，虽然我们希望世界和平，但在婚姻中，冲突在所难免，你通常处理它的模式是以下哪一种？

A. 竞争对峙，更关注自己的需求，而对他人漠不关心。

B. 回避，拒绝接受冲突，避免和人接触，既不关心自己的需求，也不关注他人的需求。

C. 迁就，比较关注他人的需求，不关心自己的需求，经常让步，即便自己没有错。

D. 妥协，利用多种方式与他人协商，但包含很多风险。对自己和他人的关注都属于中等水平。

E. 合作，将冲突作为需要双方共同处理的问题，这是解决冲突的最佳模式。合作的双方，既关心自己，也关心他人。

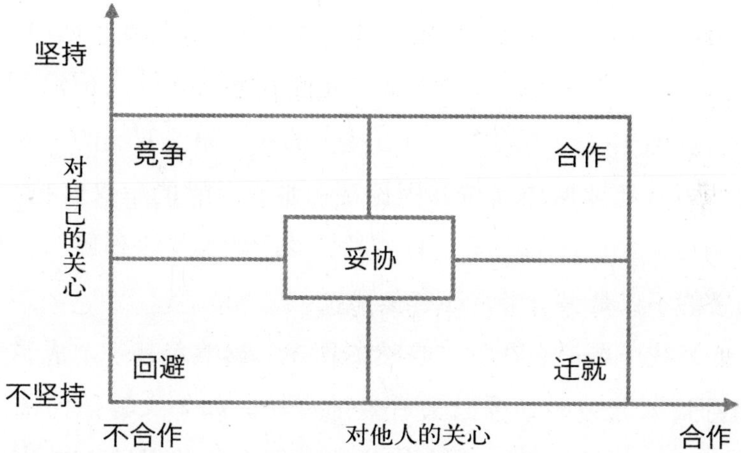

托马斯－基尔曼模型

心理学家托马斯总结了以上五种人对待冲突的方式。在家庭时间管理课上，大多数女性都选择了回避、迁就、妥协，但总忍不住想用竞争对峙的方式来处理。

大人特别喜欢逗孩子："你是跟爸爸好，还是跟妈妈好？"孩子左看看爸爸，右看看妈妈："爸爸妈妈都好。"其中一方妈妈马上会说："算了，妈妈白疼你了，小白眼狼。"其中一方爸爸也马上会说："我说吧，还是跟妈亲，白跟你玩了。"

让小孩回答两者比较的问题，本身就比较难，而更难的是，比较的对象居然是挚爱的双亲，让大人都两难的题目，不管如何抉择，都会有一方不高兴，那为什么我们要让孩子选择呢？忍不住竞争对峙，困惑、伤害的除了夫妻关系，还有另一个独立的、我们如此挚爱的生命。

婚姻不是你赢我输的惨剧，即便有冲突，也要直接面对冲突，解决冲突，回避问题只会造成更大的情绪对抗。

为了孩子不受影响，尽量不发生任何冲突，成了很多爸妈的一贯做法，但这些强压的怒火变成了另外一种形式，浮现在生活中。“你看看你，跟你爸一个德行，上梁不正下梁歪，我怎么这么倒霉，一个不够受的，还生了一个小的！”当着孩子的面，挚爱双亲的一方去负面评价另一方，还要搬出遗传基因论证一番，羞辱的不仅仅是另一半，还有流淌另一半血液的孩子。打着教育孩子的名义去伤害另一半的自尊，伤害的不仅是另一半，还有孩子。

家庭系统中普遍存在的“自然的秩序”影响着每一个成员，当每个成员都恰如其分时，爱就会有效地流动。如果夫妻任何一方，以孩子为中心，让孩子替代爱人的位置，那么长此以往，本应该期待爱人来满足的心理预期就会让孩子满足。

亲子关系的基础永远是亲密关系，没有亲密关系的滋养，我们在婚姻中履行的仅是照顾孩子的责任，也会让这段关系多了指责和抱怨，而不是第五种合作方式——合作共赢。

彼此尊重对方的不同，互相尊重安排两人的亲密时光，是我们的亲密关系获取能量的前提。世界上最重要的第二个人永远是另一半，而我们能够送给孩子最好的礼物，是爸爸和妈妈相亲相爱。

隔代分歧，是对一个时代的原谅

在电梯间，碰到一个可爱的 1 岁女宝宝。出电梯刚好到停车场，一阵凉风袭来，这个可爱宝宝身边三四位老人蜂拥而上，围成个圈，集体给她披衣服，场面蔚为壮观。里面的宝宝不知道是因为透不过气，还是披衣服的手太多太杂，哇哇大哭。就这样，一行人一路簇拥着宝宝，将其护卫到车上，像极了过去皇上出行的仪仗队。

从国家施行计划生育政策以来，大多数家庭都只有一个孩子，导致四个老人围绕一个孩子，所有的小事都被这么多人共同关注而急剧放大。

有一则有意思的故事，孩子的裤子太长需要剪短一截，第二天一早，发现孩子的裤子被剪成了短裤。因为妈妈剪了，姥姥剪了，奶奶也剪了，每个人都去剪了一下。几个人叠加，裤子本来好长，但是混乱中被剪成了短裤。

因为有了孩子，家庭矛盾激增，每个家庭成员都想来剪这条裤子，尤其是来帮忙照顾孩子的老人。

老人也需要价值感，在照顾隔辈孩子时更是这样。

“你别拿小时候对我那套对孩子，我受够了！”

“跟你说了一万遍，你不听，为什么人家邻居路易奶奶一说，你就听，你怎么就不相信自己的女儿！”

“哎呀，烦死了，老是唠叨不穿外套就感冒，没病都让你唠叨出病了……”

遥想当年怀孕的时候憧憬的三世同堂、琴瑟和鸣、温馨有爱的场面，情绪顿时失落跌入谷底。怎么面对无穷无尽的矛盾？怎么总是在你赢我输地较劲，争抢一个孩子和一个社会的认可？犹如一场法庭上的辩论，正反双方各执一词，慷慨激昂，彼此攻击对方的逻辑漏洞。

我们和老人出现强烈的不同观点的时候，往往已经不是育儿上的问题了，而是自己跟父母一直就有一些矛盾，只不过之前都掩藏着。有了孩子之后宛如在家庭中安置了一个放大镜，让隐藏的小矛盾陡然变大，无处躲藏。

放出的一支支语言冷箭，与其说是在生老人对待孙辈不当的气，不如说是在生我们小时候被粗暴对待的气。

掺杂着怒气和未被满足的认可，我们怎么可能一上来就心平气和，好好跟老人就事论事地讨论所谓的育儿分歧呢？

在隔代育儿方面，解决育儿分歧的关键，根本不在于具体养育孩子的那些事，而在于其背后我们从小被养大留下的痕迹。

平心而论，我们真的是在争吵添加蛋黄的正确时间点吗？我们真的是在争执把尿是否科学吗？我们是在辩驳孩子不应该被吓唬的理由吗？如果真的是争执这些，那么我们为什么会如此轻易怒不可遏、怒发冲冠、不耐烦、动不动翻旧账呢？

所以不是隔代养育难，而是在于我们如何看待上一代养育我们的方式。

刚生老大的第一年，是我和我的母亲爆发最严重冲突的一年，看着一对经常火拼的母女，老公变成了和事佬。他告诉我要关注上一代的历史环境和物质背景，引导我理解“上一代母亲的爱，是通过行为而非感受来表达的”。我渐渐明白了。

原来，就算我对母亲说再狠的话，她也不离不弃帮我照顾我的孩子。就算委屈掉眼泪，她也会擦干去做下一顿饭。就算我冲她发了火，过了气头，她还是捡起我的脏衣服默默用搓衣板搓干净，不顾手上开裂的伤口和掌根处已经很厚的老茧。

而我只自私地看到了自己的感受，忘记了一个“50后”的生活背景，要求“50后”来按照“80后”的生活背景来表达感受，是不是有点过分？

于是，成人后我第一次抱着妈妈，安静地流眼泪，没有质问和指责。

成年后我第一次和那个受伤的内在小孩和解，第一次原谅了属于时代但不一定属于某一个母亲的严厉。

任何一个人都走不出时代的背景。抽离上一代的时代背景来看他们的很多行为，确实会让人觉得不能理解，更不可能接受。

我的妈妈经常囤积粮油米面和各种面巾纸，家中堆积如山，怎么都放不下。有时候被实在没处下脚的房间弄得恼火，她还不停地跟我说，快去买点这个和那个。我总是不可遏制地发火，电子商务如此发达的今天，怎么还催我买这买那？多么可笑！

每次应对妈妈的催促，我都露出一副不耐烦的表情。

我忘记了他们出生的年代物资是多么匮乏，那种不安全感是刻在骨子里的。看到历史的河流之后，我会在盛怒之下，对这一场“关于买多少，是否囤货”的争执打趣一番。

第一次跟随婆婆回老家，老人家怕刚下火车的孩子饿，顺手拿了冰箱里隔夜的小米粥重新热给女儿喝。女儿吃完的当夜开始拉肚子。在县城，人生地不熟又没有药，有点抓狂的我一边处理污染的床单，一边纳闷：“一直吃得很注意呀，都是婴儿米粉，怎么会拉肚子呢？”

“哎呀，是不是隔夜的小米粥不新鲜了？”婆婆的一句话仿佛一个炸雷迅速让我怒火中烧，虽然表面不说，但是满脸的不悦分别在宣告一场战争的爆发。隔夜的小米粥也藏在婆婆那个时代的习惯中，脱离了时代的背景，就会升级为“老人对孩子不好”的道德判断。

和一位美国导师共同给国际学校老师进行师资培训，中外籍老师都会集中提出同一类问题：为什么老人总是关注孩子喝水、尿裤子、吃没吃饱的问题？如果不了解老人们当年所处的历史背景，我们永远不能理解老人为什么关注生理需求，更找不到和他们沟通的方法。

隔代分歧，与其说是与一个人的矛盾，不如说是对一个时代的不解。

在孩子诞生的最初，爸爸和妈妈多像坐在跷跷板的高处，我们的孩子仰望我们，而那时的我们春风得意，有太多要做的事情，太容易分散精力。而随着时光的流逝，孩子长高，变重，平衡跷跷板上我们安放的骄傲，直到花白了头发的我们，变成了跷跷板的最低处，祈求儿女的归巢和认可。

有一天，我也会成为你。善待老人的每一次帮助，隔代养育的边界，是我们向内在的小孩和追不回来的童年画的一条边界线，看得到自己童年的缺憾，才有机会解决我们对下一代的养育问题。

不是只有孩子需要鼓励，老人也需要鼓励。

解决隔代养育分歧的第一个原则，是感谢老人隔代养育孩子的付出。

家庭会议，是我们家里最重要的娱乐环节。家庭会议的第一个环节，是致谢。还清晰地记得第一次开家庭会议，老人们全部拒绝参加，姥姥干脆拿起拖布拖地。而当我们进行到致谢环节时，她拿着拖布走到附近，竖着耳朵来听。听着听着，老人们就坐在了我们的桌子上，一起来致谢。尤其是孩子们向老人们致谢时，我们分明能看到老人们合不拢嘴的笑。最有效的化解隔代养育分歧的方法，就是致谢。

在最不值得致谢的时候，致谢。一个有不当行为的老人也是一个气馁的老人，老人需要价值感，格外需要晚辈们的感谢。

家庭会议的致谢环节让我们每个人的能量都提升了。在最不值得信任的那一刻，她恰恰最希望被信任。在最不值得鼓励的那一刻，她恰恰最需要被鼓励。

几个月之后，我们可以在家庭会议上就孩子教育上的分歧畅所欲言，因为致谢肯定了老人们的价值，和老人们的情感联系更紧密了，后续再讨论的时候，就能做到就事论事，否则都是对人。

向老人们致谢不等于认同有分歧的观点。但是在我们上班忙碌的时候，是老人们守候在孩子们旁边，这份付出是不容置疑的。后来，我们索性安排每周一次外出吃饭等候上菜的时候为标准的每周致谢时间。

“谢谢姥姥今天早上做可口的早饭。”女儿稚嫩的声音响起，我分明看到了妈妈合不拢嘴的笑意。

“谢谢爸爸今天帮我接小米放学。”我的声音响起，我听到了姥爷端起水杯畅快饮下的满足。

“谢谢妈妈帮我陪小来玩汽车。”爱人的声音响起，每一次感谢都让丈母娘和女婿的关系越来越近。

老人总说，这些形式不重要，其实不然。如果说孩子需要正式的仪式感，那么老人作为老小孩，更需要正式的致谢仪式感。最怕隔代养育中司空见惯的理所应当，铸成了老人委屈的老泪纵横。

隔代养育的第二个原则，称呼隔代老人为爸妈。

有时候我们为了叫起来方便，把帮忙看孩子的老人称呼为宝宝姥爷、宝宝姥姥。这样称呼，慢慢就失去了一个重要的关系，那就是老人首先是我们的父母，才是我们孩子的祖父母。

称呼如同每天的仪式，不断让所有人强化印象，我们家是以这个小家伙为中心的，所以老人的角色不再是我们的爸妈，只留下了宝宝爷爷奶奶和姥姥姥爷这唯一的身份，老人唯一的责任就是守着孙辈，不让他们受伤害，受委屈，老人为儿女看护孙辈的压力可想而知。解决隔代养育分歧，请把称呼由宝宝爷爷奶奶、姥姥姥爷转化成爸和妈，不仅提示老人，也提示自己，我们是养育孩子义不容辞的责任人，更提醒孩子，老人也是我们的爸爸和妈妈，爱是一代代向下流淌的感情。

我们的爸妈爱我们，我们爱我们的孩子。对老人的称呼就像催眠一样，如果都是以孩子为中心来设定所有的称呼，孩子永远被排在第一位，整个家庭的序位就发生了错位。

隔代养育的第三个原则，能分工的部分需要明确分工，不能分工的部分按时间段分工。

隔代育儿时不发生冲突是不可能的，两代人的时代背景差异巨大，与其在每一件小事上冲突不断，不如在照顾孩子时做到分工明确。白天上班的时间，因为我们不在，是由老人负责。下班后回来的哪些环节，我们可以负责，要规划一下。我们负责活动的顺序按照孩子更容易出问题的风险指数来排列。比如，小来特别不喜欢刷牙，我晚上在给老二刷牙这件事情上提前和妈妈讲好，由我来负责。同样，当妈妈负责小来洗澡时出现状况，我也不能插手。又如给小米梳头的时候，小米会因为拉扯到头发而大哭，我来认领早上梳头的工作。提前约定好分工，避免在孩子大哭时，我们因为牵肠挂肚而彼此指责。

隔代养育的第四个原则，就事论事。一旦发生分歧，如果出现诸如这样的句式："我小时候，你也是这样！""你总是这样对我！"立即撤离冲突现场。

中国传统文化对于孝顺有这样三层分类：小孝、中孝和大孝。小孝指"侍养"，照顾老人，这是最基础的孝顺。而"中孝"指"不伤身，不辱亲"，比照顾年迈的父母更为重要的是，我们不要伤害自己的身体，不辱骂父母。虽然我们拿了金钱供养父母，付出了精力照顾父母，但和父母吵架，没有尊重他们，生气后伤害自己的身体，更伤害了他们的感受。

而大孝则是"忠孝不能两全"，最大的孝顺，是勇敢追求自己的事业，勇敢做自己。没有什么比这样的方式更能回馈父母孕育生命的辛苦。

隔代养育的第五个原则，提建议时一对一私下沟通，避免当众顶撞。最好的劝解者是外人。有时候我们特别喜欢在冲突的当下，教给老人育儿的新理念。几乎很少有老人能够当众对儿女充满情绪的意见欣然接受。

如果有一天，我们老了，我们养大的孩子跟我们说，你这样不对，我们会是什么感受？借助家长课或幼儿园老师的专业资源，更容易让老人接受。

女儿每天晚上练琴已经成为一个习惯。这天我照例和女儿一起弹，女儿弹错了一个音，气得大哭大闹。我陪了一会儿，小家伙丝毫没有好转。正赶上姥爷进房间，看到嗷嗷大哭的女儿，心疼地对我说："放孩子出来吧！"听到这句话的我，瞬间暴怒，忍不住顶了几句嘴。

暴风雨过后，看到女儿耷拉着小脑袋，我问她，刚才姥爷和妈妈因为你的事情吵架，你什么感受？女儿说："我很难过！"

孩子看到我们发生争执，真的会以为是因为他们而起。而我冷静下来想，为什么我会对父亲这一句话暴跳如雷，这背后是什么？背后是我觉得父亲不认可我这样的教育方式和生活方式，背后是和父亲累积下来的分歧的一次爆发，并非完全因为女儿。

如果我的女儿总是看到家庭成员因为她吵架，发生矛盾，她会形成什么样的信念呢？

"我是导致他们吵架的罪魁祸首，我让他们不舒服了，我是一个坏孩子。"

而我们争执的初衷，本来就是避免让孩子形成这样的信念，但我们吵架冲突的方式，恰恰加速了孩子形成这样的信念。这是一个多么讽刺的结论啊！

从宏观的时间长河中，我们看到了迥异的时代背景，这也是大时间管理观，帮助我们看到上一代的背景。

圣诞假期，我们带着女儿逃离严冬的北京去了风光旖旎的三亚。回北京的飞机上，8 个月的女儿躺在我的腿上，难得的安静。

突然，我发现这个小家伙居然开始盯着我看，目不转睛，目光安然而坚定。而我尝试目不转睛地看着她，试图沉浸在这美好的对视中。

但作为成人的我，不时会被外界的声音吸引，目光也不自觉地跟了过去。整整半个小时，我发现自己的注意力很难只集中在小米身上，但活泼好动的女儿却可以集中注意力这么长时间在她的母亲身上。

看着她清澈的眼睛，那一刹那我突然明白，对于婴孩，父母便是他的整个世界，他的目光中，只有父母。在生命的最初时刻，有最纯粹的爱和依恋，也正因为这份对父母的依恋，才成就了这个生命与这个世界连接的根基。

但是对于父母来说，孩子的降临，只是我们生活的一部分，纵使我们千般疼爱，万分娇宠，我们也有自己的爱人，自己的圈子，自己的事业。

而当我们老去，我们的世界里慢慢开始只有孩子，而作为老人的我们只是已成人孩子的精彩世界的一部分。不知道那时候的我们，是否会如我们的上一代，纵使腰疼难忍，也会坚持把儿女的脏衣服洗完；纵使他只回家一天，也会做遍所有他爱吃的东西；纵使再爱，再想多留下他，也只是轻描淡写地说："走吧，家里别惦记。"

原来所谓父母子女一场，我们一直都在彼此的目光里沉醉。

谁在谁的目光里，已经不重要了。重要的是，那每一次注视，每一场目送，都会被回忆烫出热热的眼泪，虽然隔着厚厚的时间。

隔代分歧，是对一个时代的原谅。

懒妈妈也有春天

虽然当初的我是那么坚定想要一个孩子，徜徉在书海中寻求如何当好一个妈妈，但我还是被有孩子的生活吓了一跳。

再也没睡过懒觉，每天凌晨睡得最香的时候爬起来强挺困意喂奶，更别提走样的身材、为了喂奶大妈级的装扮，有孩子之后的生活如同猎枪猎杀的麻雀一头栽在地上。

戒掉钟爱的电影、放弃规划好多年的旅行来陪孩子。白天在公司上班，晚上在家上一种叫带孩子的夜班，而夜班总比白班累。

好不容易挨到周末，不好意思再让老人们帮忙带孩子，强打精神陪孩子疯玩到沾枕头就睡着的疲惫新境界。到一天的晚上还要把这一周在上下班挤地铁时刷屏给孩子买的绘本都搬出来，支着眼皮给孩子一本一本地念，任凭哈欠一个个光顾你嚅动的嘴。

直到小家伙终于睡着了，想起身做点什么，却懒得再挪动一毫米，活脱脱在一个笼子里不知道为什么飞的麻雀，直到打开笼子门的那一刻，也没有力气走到曾经奔跑的外面的世界。

有孩子的生活和没有孩子的生活如同牛郎织女传说中无法跨越的银河。我不明白我为什么养孩子？我和爱人究竟应该如何分工合作？我怎么在当了妈妈之后依旧能做自己？我到底想过什么样的生活？别提我的背上代表待完成任务的 100 只猴子，力不从心又不得不努力去做。

单身的人时间很多，不停挥霍。而结婚有小孩的人因为没有那么多时间，倒逼自己，高效利用时间。所以，结婚有小孩的人有时更有效率，也应该更有成就。

当 2 岁的孩子在商场大闹，当长得跟你一样高的孩子对你大喊“我恨你”的时候，如果我们都能经历这些，那我们可以处理所有事。为人父母，我们可以成为卓越的领导者、有条理的谈判者、热忱的倾听者、批判思维者和资深研究者。

这一切的基础都是时间管理能力。

我们风风火火忙事业的时候，听到这样一句无心但却刺痛人心的话——“你看你妈忙的，都没时间陪你”，我们是否能不辩解，笃定地一笑了之？

我们回家做生活平淡的全职妈妈，是否能在每个周一的清晨看到滚滚的人流时，依然保持带孩子买菜时的优雅步调？

《小王子》的作者，法国飞行家、作家安托万·德·圣埃克苏佩里曾说，如果你想建造一艘船，不要指挥人们去伐木，去分配工作，去发号施令，你应该做的是，教会人们去渴望大海的宽广无比和高深莫测。

如果妈妈是一个职业，那么它最需要的岗位能力，不是做花样早餐的厨艺，不是家务技能，更不是教孩子英语的语言能力和是否懂艺术的鉴别力，而是在这之上的一种能力。

它被称为领导力。常出现在商业领域中，但从未在家庭中出现，从未与一个叫妈妈的群体有过一丝一毫的瓜葛。穿着专业外衣的它，让家庭主妇们望而却步。

有孩子之后，全家一起养育孩子，就是安东尼想建造的那艘驶向大海的船，如果直接分配工作，发号施令，等待我们的是什么？捉摸不透的孩子、不怎么配合的爸爸和经验比你还丰富听你指挥怎么都不习惯的老人。

教给大家向往大海的宽广无比和高深莫测就是领导力最好的注脚，养育孩子的航行，本身就是作为船长影响成员向着共同目标前进的过程，不是吗？

不要做背100只猴子的疲惫女仆，而要做一个运用时间管理智慧指挥100只猴子的女王。按照这样的思路，懒妈妈不是一个被唾弃的称号，而是一个披着时间管理外套的妈妈。

作为一个懒笨妈妈，我虽不能指挥千军万马，但在家庭这块巴掌地儿，做一个很有腔调、爱穿旗袍、调动100只猴子军团的优雅女主人还是完全可以的。

一个孩子的出生是一个妈妈的崛起。为人母的责任激发出女性心中沉睡已久的领导力雄狮和真善美天使，让我们看到妈妈作为时间管理者无限的可能。在当妈妈的这条路上，我们有太多这样“奋不顾身挺身而出”的时刻，在孩子没有人看护的时候，我们选择回家镇守孩子的童年，成为一个光荣的全职妈妈；在孩子需要我们的周末，推掉所有的应酬，卸下所有的社会角色，安心做一个陪玩的妈妈。

妈妈不只是一个孩子的妈妈，而是一个家庭的领导者。领导者的定义并不是发号施令、朝令夕改、独断专行和强权压制，而是通过影响一群人向着一个共同目标进发。妈妈不是事必躬亲，不是非要随叫随到，妈妈不是一天24小时待命的超级保姆，而是可以调动家庭资源和家庭成员，共同驶向大海的船长。

家庭之于社会犹如一个团队。团队是否优秀，要看领导者是否能够团结，是否能引导个性不同、才华各异的成员一起合作，帮助他们找到共同的目标，通过影响他们来实现共同的目标。我们一直都忘记了，有一个人也可以成为家庭中的领导者，她就是在家庭中相对投入最多、决定全家晴雨表的妈妈。

妈妈并不是只针对孩子而言的称谓，妈妈真正的任务是要帮助孩子成为自己，挖掘孩子的潜力，然后坐在旁边，让我们成为他人生舞台下的小粉丝，而不是导演和编剧。凡事大包大揽、亲力亲为的妈妈劳身更劳心，也容易将爱人和孩子溺爱成行动的矮人。何不靠着爱人的肩膀，站在孩子的背后，这样做妈妈？

管理学上定义领导者的标准是一个人对团队整体表现和成员的影响方式和程度，毋庸置疑，按照这个思路，妈妈凭影响力稳坐家庭中的领导者宝座。“妈妈成为家庭中的领导者”并不是女权主义胜利的号角，而是在社会分工中男主外女主内定位不同带来的新机遇。

为人父母是生活中最重要的职能，也提供了最大的幸福，如果真正的领导力和时间管理不能体现在家庭中，是最大的遗憾。我们可能是职员、高管、经理，也是丈夫、妻子、妈妈和爸爸，也可以是朋友等，无论我们的身份如何，我们都有一个让我们施展时间管理能力的平台。

为人父母，我们更需要时间管理，通过影响力来唤醒家庭成员的潜力，调动更多的资源来实现共同的目标。

学会时间管理，懒妈妈，也有春天。

附录

家庭时间管理 24 个锦囊妙计

1. 番茄工作法

使用番茄工作法，每工作 25 分钟，休息 5 分钟，每 4 个番茄时段休息 15 分钟，通过这样的方式，过张弛有度的生活。

2. 先吃掉最丑的那只青蛙

马克·吐温说，如果每天早上醒来第一件事是吃掉一只活青蛙，那么你就会欣喜地发现，接下来的这一天里，再没有什么比这个更糟糕的事情了。如果有两只活青蛙，我要吃掉最丑的那一只，记住，最重要的事，只有一件。

3. 找到你的黄金时间

每个人都有头脑最清醒、效率最高的时间段，这就是内在黄金时间；不容易被别人打扰的时间，即外在黄金时间。当内在外在黄金时间重合，我一定要用黄金时间做最重要的事。

4. 瑞士奶酪法

不一定非要等到有大块时间，才开始做事。就像瑞士奶酪上的缝隙，看起来很小，实际空间很大，这就是时间的“长尾效应”。要见缝插针，利用好排队、等待开会的碎片时间。

5. 先照顾自己这块大石头

只有先把自己这块大石头放到生活的瓶子里，我们才知道如何放其他的小石头和沙砾。先斟满自己的杯子，才有力气、心情去规划我的生活。

6. 别让猴子跳回背上

记住，“让我想想再回复你”这句话说完后，你就把猴子背在了自己身上。时间管理不是做更多的事，而是做更少的事，别把猴子背在身上，授权而不卸责，信任也在传递。

7. 背包法则

写待办清单时，按照场景分类，合并同类项，比如坐在出租车上，打开要打电话的清单背包，比如在电脑前，打开要在电脑上完成的清单背包。通过背包法则，让生活更高效。

8. 2分钟原则

如果一件事情在2分钟内可以完成，可以立即去做；如果大于2分钟，可以规划去做。行动力的第一步，只有2分钟。

9. 断舍离

那些从来也不穿的衣服，从来也不用的电脑文档，堆积如山很少碰的日用品，都会占用我们的时间。时间是最稀缺的资源，断＋舍＝离，脱离对物品的迷恋，关注自身当下需要什么，让环境更清爽，让心情更轻松，断舍离杂乱low，人生才精彩。

10. 每天迭代一个新的版本

接受不完美开始的勇气，从错误中学习，日拱一卒，小步前进，我们每天都在迭代一个版本。要大概的对，而非精确的错。不怕慢，就怕站。

11. 蚂蚁吃大象

当蚂蚁看到大象级的任务，突破拖延的第一步，就是分解，将大象分解为一个个2分钟的最小行动，比如看完一本书的第一个最小行动是看第一页，做完第一步后，继续下一个2分钟行动，拖延症从分解任务中瓦解。

12. 特别时光：和自己来场约会

孩子需要特别时光，我和自己也需要一场约会，我的人生不能只围着孩子转，还有爱自己这一项重要日程需要提前规划。

13. 日常惯例表：约定与爱人的特别时光

不只是孩子需要日常惯例表，我和爱人也需要日常惯例表，来约定我们的约会时光，比如出差前一晚，约定一起聊天；比如孩子睡了后，约定看一部老电影。爱是动词，也需要惯例。

14. 三八原则

人与人相同的是8小时睡觉，8小时工作，另外8小时做什么，决定人生高度。我的休闲娱乐时间，将决定我下一个阶段生活的样子。

15. 先心情，后事情

先梳理心情，才能解决事情。感觉好，才能做得好，这也是节省时间的方式。

16. 家务合理授权

让孩子和爱人参与家务，千万别为了节省时间、怕不干净或看不下去，自己全部揽下来做。

17. 早上起床不打仗

早上起床不打仗，在于前一天晚上是不是让孩子自己选择好了衣服，这样孩子就不会对要穿的衣服产生情绪；是不是约定好了起床的方式，让孩子选择爱听的故事书音频，还是他最爱听的歌曲？早起不打仗，功夫在前一天晚上。

18. 布置孩子的专属地盘

也许只有2平方米，但在那2平方米范围内，是孩子的专属地盘，不要放贵重物品、危险物品，要放容易清洗的家具，可以省去每一天一万遍的不可以。

19. 让孩子自己做的三个步骤

第一步，让孩子参与与他相关的大多数事情的执行和决策。比如：小来1岁半开始扔尿不湿到垃圾桶。

第二步，如果孩子暂时做不到，请至少让孩子参与其中一个环节的执行或决策。比如：小来1岁自己提尿不湿。

第三步，如果孩子暂时做不到，让孩子至少参与完成最后一个步骤，比如：给小来脱尿不湿时，允许他用手抠开尿不湿粘扣，穿鞋的时候，请他粘上最后一个鞋扣。

20. 鼓励爸爸育儿的妙招

忍住嘴巴、装病偷懒、示弱崇拜、降低标准。

21. 解决隔代养育分歧

多感谢少批评，多分工少合作。

22. 新手父母最容易学习的三个“苏格拉底式提问”

(1) 你的感受是什么？

(2) 发生了什么？

(3) 下一步计划是什么？

23. 为孩子制订日常惯例表

第一步，找到你和孩子互动中最容易发生冲突的一个环节。

第二步，向孩子提问，分解目标，启发孩子思考。

第三步，让孩子把约定好的内容画下来或写下来。

第四步，当孩子不遵守约定时，不唠叨，带孩子来到约定的日常惯例表前，继续“苏格拉底式提问”。

第五步，如果需要更新日常惯例表，请重复以上四个步骤。

24. 时间管理是留白的艺术

看不见的空间，要有30%的留白；看得见的空间，要有50%的留白；装饰性空间，要有70%的留白，就像画廊一样。

代跋一

管理时间就是管理人生

子凯是和君商学院第三届四班的同学。这个班当时的专业设置是组织与人力资源管理，是个人才辈出的班级，走出了好几位优秀的创业者、功力深厚的管理学者，还有若干位企业高管。说实话，入学的时候，我完全没有料到若干年之后，这个班的毕业生会如此优秀和闪耀；包括子凯，她这几年的职业发展也是我始料未及的。

我对子凯的初始印象就在三个典礼上：第一次是在和君商学院开学典礼上，她代表当期同学做了个发言，简洁、精炼、语速极快，但是职业装里面透露出的稚嫩非常明显。第二次是毕业典礼上，有一段毕业视频精彩无比，催人泪下，尤其当中的一段配乐，使在场许许多多人，包括我都不能自已。事后一打听，这毕业视频是子凯牵头做的，连续熬了几个通宵，她当时还担任中国人民大学学生会的副主席，负责学生代表大会的组织和主持工作，为了做这段视频，开学典礼她险些迟到。从此我就记住了子凯——一个对人对事都认认真真，且有情有义的东北女孩。第三次是在他们毕业 1 年多以后，子凯放弃在美国的工作，归国和我的一位同事喜结良缘，我是主婚人。对这段姻缘，我非常欣喜，自己的学生走入人生新阶段，我做老师的，喜悦之情自然难以言表。

让我没有想到的是，子凯的人生，自结婚后很快上了几级台阶：不到3年时间，她就成为两个孩子的母亲；从老大出生之后，她笔耕不辍，几年下来，就在主流的线上母婴社区中成为大V和网红，拥有上千万的粉丝；老二还没有出生，她就开始挺着大肚子创业，以两个孩子的名字创办了米来未来。有趣的是，隔三岔五，就会有人跟我提到米来未来这么一个很小的创业公司，他们认为米来未来的理念、文化和价值观代表了很多优秀高知年轻父母的心声，是早教行业未来的发展方向。

和君商学院常讲的一个理念是立志，即明确人生目标和事业追求，正所谓“士何事？尚志”，“志不立，则一齐放倒了”。在我们的教学中，理想教育是摆在重要位置的，每到学期中间，院方都会要求学生提交一篇精心写作的《我的职业理想》，然后请各班主任老师认真评改，各班同学还要互评，不合格者都要重写。从我接触的诸多人生和事业上取得一些成绩的毕业生的经历来看，尽早确定自己人生的志向和事业的追求，并且将它明确写下来，是事业成功的关键要素。我没有时间去重翻子凯写的《我的职业理想》，单单从米来未来的使命“致良知，心早教”“让孩子做自己，给家庭好未来”，愿景“打造具有深远社会影响力的大小共学教育新生态”，我就可以感受到子凯的事业理想。没有这样的事业理想，一个年轻母亲是很难在养育两个孩子的同时进入一个完全陌生的领域艰难创业且持续突破的。子凯告诉我，米来未来的事业，她希望做30年以上，希望影响一代又一代年轻的父母，为此，她把自己的名字从邢凯改成了邢子凯，属于改名立志。

和君商学院常讲的又一个理念就是自我管理，自我管理的核心是时间管理。很多人的状况不如意、人生失败，本质上都是因为没有做好自我管理。自我管理，是人生必修课。人的一生中，可能只有一件事情是公平的，那就是时间。即便是这样一个少有的公平要素，不同人因为理解、认识、方法和习惯的不同，对于时间的把握和利用可能完全不同，时间管理的效果最后自然就不一样了。

在教学中，我反复提到要用奥卡姆剃刀剃掉多余的事情，管理好自己的时间，尽量将自己的时间和精力放在那些对自己、对未来真正重要的事情上。除此之外，和君商学院对于时间管理，没有教授更多的内容、技巧和方法。我很欣喜地看到，子凯将自己最近几年在学习、生活和创业中积累的经验总结提炼，形成了系统的方法论和案例库，写成了十几万字。这对于很多新时代的父母，无论是构建家庭、养育孩子、孝敬父母还是发展事业，都具有重要的参考和借鉴意义，相信读者能够从阅读本书中真正受益。

和君集团董事长、和君商学院院长

2017 年 10 月

代跋二

妈妈时间手册

从拿到子凯的书稿，到读完，我花了整整20天时间。作为一名职场妈妈，自己的确有些忙，常常在孩子还没起床或孩子睡着后才有自己的时间，也利用出差时飞机上、火车上的时间来看，因为常常有共鸣，书中的内容会不时地引起我的回忆或者思考，我甚至会忍不住立即用书里的一些非常实用的方法去梳理一些事情，所以读得慢。

现在还清晰地记得第一次和子凯见面。2013年，那时候刚刚休完产假回公司上班没多久。作为新妈妈的我每天晚上起夜喂奶，白天背奶上班，每天无数件事情需要做，还专门用了各类时间管理软件，记录孩子每日的辅食、奶瓶消毒、需要购买的物品等一系列事情。苦闷之时收到了一封群发邮件，是子凯当时做8008亲子俱乐部时发的。我抱着试试看的态度，和她取得联系，很快就约好见面，相见恨晚，终于找到了作为妈妈的归属感，不再觉得那么孤单。

这段时间读着子凯的文字，我也常常回忆我们一起经历的点点滴滴。我和她的交流，一开始多数是妈妈们困惑的话题，父母成长和家长教育，等等。到后来，因为自己的工作是风险投资，接触教育创业者比较多，所以和她的交流又多了产品和创业，以及企业成长和资本的话题。在我的印象里，她无论什么时候都充满正能量，对新鲜事物永远勇敢尝试，快速学习，对身边的朋友家人总是体贴入微，关怀有加，对家长教育充满责任感。一路看她从做8008亲子俱乐部，到决定辞去工作，到专注学习钻研各类家长教育理念，到要二胎，到大着肚子开办实体幼儿园，到做家长教育，做米来未来，我看到她经历了很多次决策节点，每次决策都充分体现出她的勇气和"追随我心"。

她的勇气，加上她的勤奋好学，她的与人为善，才有了今天这样一本带着科学依据、带着实践经验，又非常简单易懂、可操作性很强，专门给新手妈妈的书，一本真正的、难得的"妈妈手册"。书里引用了大量心理学等相关学科的科学实验结论，却不会让人望而却步；书中的解析深入浅出，且融合到日常生活中，实用性极强。举几个例子吧，"先吃掉最丑的那只青蛙""瑞士奶酪法""番茄工作法""背包法则""别让猴子跳回背上"，只是看到这些标题都会觉得很有趣，结合具体场景，作为深有体会的妈妈，很快就能参透其中的理念并加以应用。

整个文章的行文，不是教科书式的，而是对话式的，这里有一个个新妈妈的真实困扰体验，这里有她自己的切身经历讲述，故事的融入会让你觉得自己好像是在一个妈妈沙龙，和不同的妈妈在探讨一个个日常困惑。随着她的讲述，一个个纸老虎都变得不那么可怕了，心里那混乱的一团团线开始有了头绪，不断清晰。更奇妙的是，看着看着，自己也开始马上行动，马上改变，不仅仅是在脑子里意识到，而是真正付诸行动！

当然，这本书不只是写给妈妈的，也是写给爸爸的，写给承担隔代养育责任的长辈的，任何一位家长都值得来读一读，来理解孩子的成长过程，来理解一个家庭当中各个角色的心态，来看到一个健康家庭应有的状态，来体验这些简单有趣易操作的时间管理方法。期待她的书能够带给每一个妈妈，带给每一个家庭更多的幸福感和价值感。

创新工场投资总监

张丽君

2017 年 11 月